Roy Eugene Davis

SO KANNST DU DEINE TRÄUME VERWIRKLICHEN
Die Technik der *SCHÖPFERISCHEN IMAGINATION*

ROY EUGENE DAVIS

So kannst Du Deine Träume verwirklichen

Die Technik der SCHÖPFERISCHEN IMAGINATION

Verlag CSA
D-6382 Friedrichsdorf 3

Titel der Originalausgabe: „Creative Imagination"
ISBN 0-87707-133-0

Ins Deutsche übertragen von Rosemarie Schneider
in Zusammenarbeit mit Dr. Hans Endres

Zweite Auflage neu überarbeitet von Helmut Degner

© 1978
Verlag CSA, D-6000 Frankfurt und D-6382 Friedrichsdorf 3

Textauszüge sind mit Quellenangabe und bei Zustellung eines Belegexemplars erlaubt.

Umschlagentwurf: Dietmar E. Hannebohn
Textbearbeitung: Verlag CSA
Photosatz: Druckservice Richter & Stebel, D-5450 Neuwied
Druck: Lengericher Handelsdruckerei, D-4540 Lengerich

ISBN 3-922 779-02-6

Inhalt

Vorwort 1

Vorwort 2

I Du kannst es

II Das Blickfeld klären

III Die Technik der Schöpferischen Imagination

IV Die befreiende Macht der Vorstellung

V Im Schoß der Macht ruhen

VI Schöpfe aus der unversiegbaren Quelle

VII Unbegrenzter Erfolg

VIII Antworten auf wichtige Fragen

Worterläuterungen

Vorwort

Roy Eugene Davis ist Leiter des Center for Spiritual Awareness (CSA) mit Hauptsitz in Lakemont/Georgia, USA. Das Ziel von CSA ist es, zweckmäßige Informationen für ein natürliches Leben anzubieten und alle Suchenden zu inspirieren, ihre persönliche Bestimmung zu erfüllen. Davis weiß, daß es einen Evolutionsvorsatz gibt, der sich auf eine neue Ära zubewegt, und er fühlt, daß CSA ein wesentlicher Teil dieses Prozesses ist.

Seit 30 Jahren lehrt Davis, Schüler von Paramahansa Yogananda, die geistigen Gesetze, die die im Menschen schlummernden Kräfte erwecken und entfalten. Er ist weltweit anerkannter Lehrer für Yoga und höhere Meditationsmethoden. Er ist Gastlehrer an Universitäten und zahlreichen neugeistigen Zentren, sowohl in vielen Teilen der Vereinigten Staaten als auch in Kanada, Japan und Europa. Davis ist Autor zahlreicher Bücher, die auf die Fragen der Zeit inspirierende Antworten geben und die international verbreitet sind.

1970 erschien als erstes Buch von Davis in deutsch „Die Macht der Seele, Erlebte Wirklichkeit". Ich habe jahrelang anhand dieses Buches, das den Weg zur Selbst-Verwirklichung aufzeigt, geübt. So wurde ich Schülerin von Roy Eugene Davis. Die von ihm gelehrte Methode „Schöpferische Imagination" habe ich angewandt, um meinen Traum, ihn einmal persönlich kennenzulernen, zu verwirklichen. In einer Zeit, in der ich weder Geld noch Aussichten auf einen Urlaub zu dem gewünschten Termin hatte, sah und fühlte ich mich im Centrum von CSA in Lakemont, USA. Von der Realität her gesehen, wäre meine Reise zu Davis in dieser Zeit völlig unmöglich gewesen, aber das Gesetz der automatischen Verwirklichung intensiver schöpferischer Imagination erfüllte sich. Vier Tage vor der Einladung von Davis im Juli 1977 kam von unerwarteter Seite plötzlich Geld ins Haus, Reise- und Urlaubszeit fielen zusammen, meine beiden Töchter konnte ich für diese Zeit überraschend und kurzfristig gut unterbringen, zwei Stunden vor Abflug erhielt ich noch ein Flugticket für einen Charterflug. Alles, was mir persönlich zu tun übrig blieb, war: Es geschehen zu lassen.

Davis lebt vor, was er lehrt. Das habe ich neben vielen ganz persönlichen Erlebnissen vor allem dadurch erfahren, daß Davis niemanden beeinflußt oder persönlich an sich bindet. Sein ganzes Bemühen gilt der eigenen Entfaltung seiner Schüler und aller Suchenden, die zu ihm kommen. Er regt nur an und greift nicht in ihr Leben ein. Seine einzige Absicht ist, jeden Schüler zu motivieren, an seinem richtigen Platz in diesem Leben sich voll in den Dienst zu stellen und als frei Lebender in einem offenen Universum seine persönliche Bestimmung zu erfüllen. Davis läßt die Menschen, die mit ihm zusammenarbeiten wollen, von selbst auf den Plan kommen und manipuliert sie nicht. Er führt jeden Schüler zur inneren Einsicht, „wer er ist, woher er kommt und wohin er geht".

Ich erkannte als meine nächste Aufgabe, seine Bücher zu übersetzen, ihn zu einer Vortragsreise nach Europa zu bitten, sein monatlich erscheinendes Magazin in deutsch herauszubringen und das Centrum CSA Europa zu gründen. Als ich diese Absicht äußerte, gab mir Davis nicht etwa eine Menge Ratschläge, sondern sagte nur: „Sei offen für die Kraft, die das Universum lenkt und erhält, folge Deiner inneren Führung und lerne, mit dieser Kraft zu kooperieren".

Rosemarie Schneider, Februar 1978

Vorwort

Wie Dir das Buch helfen kann

Viele Leser nennen dieses Buch ein *Wunderbuch*, weil es für sie hilfreich ist. Sie berichten von verbesserter Gesundheit, besseren gesellschaftlichen Beziehungen, größerem Wohlergehen und sogar über eine Erweiterung des Bewußtseins. Das ist keine Überraschung für mich, weil ich seit Jahren täglich mit diesen Methoden und Prinzipien arbeite, und weil ich weiß, daß die Gesetze des Bewußtseins genau und zuverlässig sind.

Ich schlage vor, daß Du dieses Buch als täglichen Leitfaden benutzt, bis die Prinzipien ein Teil von Dir geworden sind und Du keinen bewußten Gedanken mehr daran hängen mußt, um mit ihnen zu arbeiten. Nur Lesen genügt nicht; die gedankliche Aufnahme muß durch persönliche Anwendung erprobt werden. Die Herausforderung ist: „Du kannst diese Ideen und Prinzipien aufnehmen und anwenden und eine erforderliche Änderung Deines Lebens und eine Umwandlung Deiner Welt bewirken!"

Eines ist sicher, *man kann durch willentliche Kontrolle seiner gedanklichen Einstellung und seines Bewußtseinszustandes seine Verhältnisse und sein Lebensschicksal ändern.* Jeder Prophet hat verkündet, daß das wahr ist. Jeder erfolgreiche Mensch liefert den Beweis dafür. Nun hast Du Gelegenheit, es Dir selbst zu beweisen.

Du kannst unmöglich scheitern.

Roy Eugene Davis, Neujahr 1974

,,Der Mensch vermag jede Kraft des Universums an sich zu ziehen und zu lenken, indem er sich zum geeigneten Kanal macht, Verbindung mit ihr herstellt und die Voraussetzungen dafür schafft, daß die Natur dieser Kraft sie zwingt, durch ihn hindurch zu fließen."

Verfasser unbekannt.

I

Du kannst es

Es gibt eine Macht, die das Universum kontrolliert und lenkt, und wir können mit ihr kooperieren. Wenn wir dies tun, erfahren wir Freude und eine Fülle praktischer Mittel, von denen die meisten Menschen nicht einmal träumen, daß dies möglich sein könnte. Eine Beziehung zu dieser Macht herzustellen, um mit ihr zu arbeiten, ist nicht eigennützig, denn wenn wir lernen, mit den Prin- zipien zu arbeiten, denen die Natur selbst unterliegt, dann fließt diese Macht zum Nutzen der Welt.

Ich glaube, daß Du jede vernünftige Sache, zu der Du Dich berufen fühlst, tun kannst, daß Du jede vernünftige Erfahrung, die Du machen möchtest, haben kannst und daß Du die Person sein kannst, zu der Du eigentlich bestimmt bist. Ich benutze das Wort *vernünftig*, um auf die Notwendigkeit hinzuweisen, realistisch zu sein und mit den angeborenen Fähigkeiten genauso zu arbeiten wie mit den naturgemäßen und gesellschaftlichen Gesetzen.

Die Prinzipien, die Du anzuwenden lernst, sind einfach zu verstehen und garantieren grundsätzlich den Erfolg. Tatsache ist, daß die Schlüsseltechnik, die die Grundlage für die Handhabung bildet, „das Erfolgssystem, das niemals verfehlt, Ergebnisse zu bringen," genannt wurde. Die Handhabung ist einfach. Ich schlage vor, Du benutzt dieses Buch als ein Arbeitsbuch. Unterstreiche den Text, mache Randbemerkungen, wende die Prinzipien an und setze die Ideen in tägliche Erfahrungen um. Auf diese Weise bist Du am Leben selbst beteiligt und kein Lehnstuhl-Philosoph oder Planer, dessen Ziele „vielleicht" erreicht werden, wenn sich die Bedingungen ändern, ein Umschwung kommt oder wenn die Zeit reif ist.

Die Grundvoraussetzung

Um die folgenden Regeln richtig anzuwenden, müssen wir die Grundvoraussetzung verstehen, welche alle Techniken und Metho den wirksam macht. *Die Welt und alle ihre Bestandteile sind aus einer Grundsubstanz geschaffen.* Das ist kein neues Konzept. Es ist seit Urzeiten bekannt und wird so gelehrt. Unsere Welt voller Namen und Formen ist aus *einer* Grundsubstanz verschiedenartig gestaltet. Manche Lehrer weisen auf diesen Grundstoff als das System hin, dessen Bestandteile Zeit und Raum, Lichtpartikel und schöpferische Energie sind.

Eine Charakteristik dieser Substanz ist, daß sie Gedankeneindrücke aufnimmt. Wir können diese Substanz gemäß unseren jeweiligen Wünschen formen, wenn wir unsere Gedanken in die allumfassende Grundsubstanz einprägen.

Die Welt um uns herum ist das Ergebnis kosmischer Muster, geformt durch die universale Grundsubstanz; und wir verändern unsere Umwelt, indem wir dieser Substanz unsere persönlichen Gedanken und Vorstellungsbilder einprägen.

Was ein Mensch wird oder mit seinem Leben anfängt, ist im weitesten Sinne die Auswirkung dessen, was er sich bewußt oder unbewußt vorstellt. Sogar wenn wir gegenwärtige Erfahrungen dem Karma zuschreiben, müssen wir eingestehen, daß heutige Erfahrungen die Auswirkung früherer Entscheidungen oder gedanklich akzeptierter Konzepte sind. Wenn wir Vorstellungsbilder kontrollieren, können wir mit der Schöpfung kooperieren und die Zukunft mitbestimmen.

Vergangenheitserlebnisse brauchen uns jetzt nicht zu beeinflussen. Die Planeten brauchen uns nicht übermäßig zu beeinflussen. Die volkswirtschaftliche Entwicklung braucht weder förderlich für uns zu sein noch uns zugrunde zu richten. Wir sind nicht bestimmt, durch Freunde, Kollegen oder jene, die unser Leben lenken möchten, beherrscht zu werden. Sobald wir lernen, mit der *lenkenden Macht* und der *kontrollierenden Intelligenz* zu wirken, die unaufhörlich mit den kosmischen Aufgaben beschäftigt ist, wird unser Leben das einzigartige Ergebnis unserer persönlichen Beziehung zum Universum sein.

Die Macht der Entscheidung

Hunderte inspirierender Bücher sind seit Jahren mit Millionen von Exemplaren verlegt worden. Dennoch erlebt nur ein kleiner Prozentsatz aller Leser, die die Prinzipien persönlich angewandt haben, eine dramatische Veränderung zum Besseren. Warum ist das so? Die meisten Menschen sind zufrieden, wenn sie im gewohnten Trott bleiben können. Sie können keine Entscheidung treffen. Sie fürchten die Konsequenzen oder sind ihrer selbst nicht sicher, wenn es zu dem Punkt kommt, an dem sie mit konstruktiven Taten ihre Entscheidung durchzustehen haben. Viele leben kein erfülltes Leben, sondern sind „bequem" und kommen zurecht. Sie wollen keine Wogen verursachen, sie wollen andere, mit denen sie verbunden sind, nicht aus der Fassung bringen und sie wollen keine Handlungen beginnen, deren Ausführung Mut erfordert. Viele Berater und Vertreter des Managements kamen zu der Überzeugung, daß nur etwa fünf Prozent der Bevölkerung genügend Intelligenz, Selbstdisziplin und Ausdauer besitzen, um wirklich dauerhaft selbstbestimmend und unabhängig zu werden. Deshalb ist das erste, was Du tun mußt, *jetzt* zu entscheiden, daß Du einer der wenigen bist, die zu dem kleinen Prozentsatz erfolgreicher Menschen gehören.

Ziele geben unserem Leben eine Richtung. Wenn wir lohnende Ziele haben, dann haben wir auch vernünftige Absichten und Vorsätze. Um Ziele zu setzen, müssen wir klar denken können und fähig sein, Entscheidungen zu treffen. Nicht alle Entscheidungen werden richtig sein, aber Übung gibt uns die Gelegenheit, Meister zu werden. Wenn man sich erst einmal für einen Handlungsablauf entschieden hat, werden alle unsere Gedanken und Energien mobilisiert und sammeln sich für das bestimmte Ziel.

Erfahrungen
entwickeln sich aus der gedanklichen Einstellung

Selbstachtung ist lebenswichtig, alles andere ergibt sich aus ihr. Ohne Selbstachtung trauen wir uns nichts zu und haben somit keinen Mut zum Handeln. Selbstachtung führt zu Selbstvertrauen, Selbstvertrauen zu Entscheidungsfähigkeit und zu entschlossenem zielbewußtem Handeln. Dadurch schließt sich der Kreis des Erfolges. Wenn Du Dich nicht wert fühlst, gesund, erfolgreich, schöpferisch frei und ausdrucksstark zu sein, dann arbeite an Deinem Innern und befreie Dich von negativen Gedankenmodellen, die Dich in Fesseln halten. Wir sind es wert, Erfüllung zu finden. Und Erfüllung ist weniger eine Sache, die wir verdienen müssen, als vielmehr eine Sache, die wir nur *anzunehmen* brauchen.

Welche Gedanken hegen wir über andere und welche Meinungen haben wir von ihnen? Segnen wir unsere Mitmenschen und wünschen wir ihnen Glück und Erfolg? Oder neigen wir zu Mißgunst, Übelnehmerei oder gar zu Konkurrenzangst? Manchmal wird ein Mensch all die Regeln befolgen, die gewöhnlich Erfolg garantieren, und trotzdem scheitern. In einem solchen Moment fragen wir:,,Glaubst Du an die Möglichkeit, daß andere versagen können (Probleme haben, krank sein, Unfälle erleiden, etc.)?" Die Antwort wird „Ja" sein. Wir mögen positiv über uns selbst denken und dennoch negative Gedanken über andere beibehalten. Das Gesetz ist: *,,Was ich von anderen als wahr annehme, kann auch für mich wahr sein."*

Vorstellungsbilder sind unpersönlich. Jedes Vorstellungsbild, das im Gedächtnis gehalten wird, möchte sich verwirklichen. Das ist der wahre Grund, warum wir gehalten sind, unsere Feinde zu lieben, denen Gutes zu tun, die uns verfolgen möchten, und für jene zu beten, die uns ausnutzen und uns übervorteilen möchten. Negative Gedanken und Gefühle zu hegen, auch wenn wir versuchen, sie zu rechtfertigen, ist destruktiv und steht im Gegensatz zu einem Leben des Wohlergehens und der Erfüllung.

Befreien wir uns ein für allemal von selbsteinschränkenden Konzepten, Einstellungen und Gefühlen. Schau die Natur an, sieh, wie überreich und wunderschön sie ist. Unvorstellbare Energie ist unaufhörlich am Werk, um unendliche Vielfalt an Lebensformen zu gestalten. Diese Energie ist weder zu vermehren noch zu vermindern, sie fließt von Erscheinung zu Erscheinung. Sie belebt Formen und schließt sich in die Muster dieser Formen ein. Wenn das Leben ausgeglichen ist und alle seine Bereiche harmonisch sind, ergeben sich automatisch Erfüllung und aufeinander abgestimmtes Handeln.

Es gibt genügend Bodenschätze in dieser Welt, und alle Lebewesen können in Frieden und Überfluß leben, wenn schöpferische Intelligenz bei der Ausnutzung dieser Bodenschätze angewendet wird. Ein wahrhaft freier Mensch überlegt sich bei der Verwendung von Dingen weise den Zweck und denkt nicht daran, Menschen oder Dinge auszubeuten. Wir sind Verwalter der Bodenschätze dieser Welt. Vorübergehend mögen wir Anspruch auf Eigentum erheben, tatsächlich sind wir jedoch nur mit dem weisen Gebrauch der Dinge betraut.

Wenn wir um jeden Preis Eigentümer werden wollen, werden wir gewöhnlich von den Dingen in Besitz genommen, von denen wir dachten, sie seien in unserer Gewalt. Wenn wir jedoch die Dinge dieser Welt grundsätzlich verwerfen, werden wir nicht imstande sein zu handeln. Es empfiehlt sich der Mittelweg. Die Lösung ist, sich frei durch das Leben zu bewegen und „in der Welt zu sein, doch nicht von ihr", wie die erhabenen Lehrer empfehlen.

Merke:

1. Es gibt eine Macht, die das Universum kontrolliert und lenkt, und wir können lernen, mit ihr zu kooperieren.
2. Die Welt und alle ihre Bestandteile sind aus einer Grundsubstanz geformt.
3. Vorstellungsbilder drücken sich in Lebensumständen aus.
4. Entscheidungen mobilisieren Energie und sammeln die Konzentration.
5. Gedankliche Einstellung ist das „Fenster", durch das die Erfahrungen kommen.
6. Wir sind lediglich Verwalter der Schätze dieser Welt.

Praktische Anwendung

1. Bevor wir zum nächsten Kapitel übergehen, beschließen wir in unserem Innern, die in diesem Buch empfohlenen Prinzipien täglich anzuwenden; andernfalls wird auch dieses Buch nur ein anregendes Buch mehr sein, das man überfliegt, für eine kurze Zeit durchdenkt und dann zur Seite legt. Überlies kein Wort, keinen Ausdruck, kein Konzept, ohne alles verstanden zu haben.

Lies zunächst die Worterläuterungen zu diesem Buch ab Seite 113.

Wenn nötig, benutze ein Wörterbuch, aber sei sicher, daß Dir das geschriebene Wort kristallklar ist. Dann wende Intuition und Unterscheidungsvermögen an, um „zwischen den Zeilen zu lesen" und den Bewußtseinszustand zu erreichen, aus dem dieses Buch entstanden ist.

2. Die Grundprinzipien, die hier erklärt werden, sind wichtig und können verstanden werden. Sollten einige Konzepte für Dich neu sein, erforsche diese sorgfältig. Bedenke, sie sind für Millionen erfolgreicher Menschen nützlich gewesen. *Du hast die Fähigkeit, richtig zu erkennen.*

3. Alle Übungen und Techniken sind nützlich, aber die subtilste von allen, die der größten Aufmerksamkeit und Sorgfalt bedarf, ist zu lernen, eine positive und gesunde Einstellung jederzeit beizubehalten. Benutze jede freie Seite dieses Buches für eigene Eintragungen.

„Weiter, liebe Brüder, was wahrhaftig ist, was ehrbar, was gerecht, was keusch, was lieblich, was wohllautet, ist etwa eine Tugend, ist etwa ein Lob, dem denket nach!"

Philipper 4:8

„Wohl dem Menschen, der Weisheit findet, und dem Menschen, der Verstand bekommt. Denn es ist besser, sie zu erwerben als Silber; und ihr Ertrag ist besser als Gold. Sie ist edler denn Perlen; und alles, was du wünschen magst, ist ihr nicht zu vergleichen. Langes Leben ist zu ihrer rechten Hand; zu ihrer Linken ist Reichtum und Ehre. Ihre Wege sind liebliche Wege, und alle ihre Steige sind Friede. Sie ist ein Baum des Lebens allen, die sie ergreifen; und selig sind, die sie halten.'

Sprüche Salomos, 3:13-18

II

Das Blickfeld klären

Das Spiel des Lebens kann erfreulich und lohnend sein, wenn wir nach den Regeln der Natur spielen. Es ist nichts Falsches daran, das Leben auf diesem Planeten voll auszuleben, weil das physische Universum genauso Ausdruck des Lebens ist wie die feineren Energiebereiche, die es erhalten. Unsere Wünsche und Bedürfnisse bestimmen den Aktionsbereich, und wir sind ohne Zweifel hier, weil wir hier am besten mit uns und unserem Leben ins Reine kommen.

Laß uns darüber nachdenken, wie wir lernen können, sinnvollen Dienst an anderen zu leisten, so daß wir die Welt als einen besseren Platz verlassen, als wir ihn betreten haben. Laß uns beschließen, einfach und mit hohen Idealen zu leben. Manche Philosophen behaupten, daß unsere gegenwärtigen Lebensbedingungen die Bühne darstellen, auf der wir eine persönliche Rolle spielen, um mehr zu lernen und die Prüfungen anzutreffen, die das Leben bereithält für alle, die die tiefsten Geheimnisse entdecken wollen. Noch einmal: Die Einstellung ist wichtig. Wir sollten diese Möglichkeit mit Begeisterung aufnehmen und wissen, daß wir mit Sicherheit mehr erhalten, als wir jemals zu geben hoffen können, weil sich das Leben uns so mitteilt. Wir haben bei aufrichtiger Teilnahme am Leben alles zu gewinnen und erfahren nur dann Mißerfolg, wenn wir uns nicht so verhalten. Bei sorgfältiger Prüfung der Möglichkeiten erkennen wir, daß wir keine andere Wahl haben. Wir können unsere Entwicklung hinausschieben, müssen uns jedoch schließlich alle von dem Evolutionsstrom tragen lassen und werden in den Wachstums- und Reifungsprozeß einbezogen.

Wähle Deinen Kurs

Damit Du Dir einen Plan entwerfen kannst, schlage ich vor, daß Du Dir ein großes Notizbuch beschaffst, das Du an einem privaten Ort aufbewahrst, wenn Du es nicht benutzt. Schreibe Dir in dieses Notizbuch, das zum *Tagesplan* und *Leitfaden* werden soll, Deine Ziele für die nahe und ferne Zukunft. Dies wird Deine Gedanken klären und Dich befähigen, ehrlich mit Dir selbst zu sein. Warum möchtest Du die Dinge tun, die Du in Deinem Notizbuch niedergeschrieben hast? Sind sie ausführbar? Werden sie Dich ebenso gut wie andere weiterbringen? Sind sie erreichbar?

Einen Teil des Notizbuches kannst Du benutzen, um stille Gedanken, Betrachtungen und Ideen niederzuschreiben. Damit wirst Du beginnen, neue Grundgedanken und Möglichkeiten zu entwickeln, die gerade durch Dein Bewußtsein hindurch in konkrete Formen fließen.

Analysiere Dich selbst. Notiere Deine Stärken und Deine Schwächen. Entschließe Dich, Deine Schwächen abzulegen. Ändere Deine Einstellung. Erwirb Dir die notwendige Bildung oder Erfahrung; tue alles, was nötig ist, um bestens informiert zu sein und fähiger zu werden. Sammle die Lebensgeschichten erfolgreicher Leute. Verkehre mit aktiven Menschen und verbringe keine Zeit mit Müßiggängern. Bringe Dich gedanklich in Einklang mit schöpferischen und handlungsorientierten Menschen. Stimme Dich durch Meditation auf die universale schöpferische Intelligenz ein, werde zu einem offenen Kanal, durch den Macht und Weisheit zum Ausdruck kommen können.

Lies Bücher, nimm an Kursen teil, wenn erforderlich. Hauptsache jedoch ist, daß Du die Prinzipien in Deinem eigenen Leben *anwendest*. Alles Lesen und Studieren allein wird nichts nützen, wenn es nicht im Feuer täglicher Erfahrung erprobt wird. Die Welt ist voller Denker und Redner, aber es gibt nur wenige Tätige, die Ergebnisse erzielen. Sollte etwas wert sein, jetzt vollbracht zu werden, und der richtige Zeitpunkt ist da, vollbringe es jetzt. Sei jedoch sicher bei der Wahl des Zeitpunktes. Im richtigen Moment wenden wir weniger Energie auf, und es wird mehr erreicht.

Wir sind nur durch uns selbst begrenzt

Die meisten Menschen sind durch ihre Denkgewohnheiten und Gefühlskonflikte eingeschränkt. Beschuldigst Du die Vergangenheit? Beschuldigst Du andere Menschen, von denen Du Dich nicht verstanden fühlst, von denen Du nicht gut behandelt wurdest oder von denen Du Dich in einer geschäftlichen Beziehung benachteiligt fühltest? Beschuldigst Du Deine Eltern? Deine Lehrer? Die Regierung? Neigst Du zu Mißerfolg oder bist Du erfolgsorientiert? Hast Du versteckten Unmut, Schuldgefühle oder heimlichen Argwohn? Fürchtest Du wirkliche oder eingebildete Drohungen? Bist Du voreingenommen, selbstgerecht oder eitel? Das sind Verwirrungen im Gemütsbereich, die ganz gewiß den freien Ausdruck schöpferischer Intelligenz hindern.

Nahe Ziele sind wichtig, weil wir durch sie sofort in den Lebensprozeß hineingestellt werden. Nahe Ziele sind gewöhnlich leicht zu erreichen, folglich werden wir gleich zu Beginn in unseren Absichten bestärkt. Wir werden schnell belohnt für positives Handeln, und dies schafft eine positive gedankliche Einstellung, stärkt das Vertrauen und führt dazu, daß Modelle von Mißerfolg, die im Unterbewußtsein eingeprägt sind, neutralisiert werden. Erinnerungen, die wir im Unterbewußtsein aufgezeichnet haben, beeinflussen unsere Gedanken und Handlungen. Wenn wir mit negativen Erfahrungsmodellen belastet sind, sind wir weitgehend lahmgelegt, weil wir aus Furcht vor Mißerfolg zum Handeln zu ängstlich sind. Wenn jedoch unsere Erinnerungsmodelle überwiegend Ergebnisse von Erfolg und in gewissem Maß von Erfüllung sind, sind wir dazu bestimmt, Erfolg zu haben und persönliche Bereicherung zu erfahren. Es ist richtig, daß Erfolg mehr Erfolg nach sich zieht und Mißerfolg wieder zu Mißerfolg führt. Leute, die sich Mißerfolgsmodellen zu sehr beschäftigen, neigen dazu, Experten im Mißerfolg zu werden, aber keine Experten im Erfolg. Erfolgsorientierte Männer wie Frauen besitzen so starke Intuition, Anziehungs- und Wahrnehmungskraft, daß sie in immer größere Höhen getragen werden. Einmal muß man beginnen und dann ohne Schwanken fortfahren.

Was verspricht Dir das Leben?

Auf was freust Du Dich in dieser Inkarnation? Was ist wichtig? Hat das Leben so, wie Du es siehst, Sinn und Zweck? Unsere Ziele werden unserer Reife gemäß immer variieren. Manche junge Leute sind von dem Wunsch nach Sicherheit oder nach Dingen, die sie benutzen oder besitzen möchten, getrieben oder möchten einfach rasch zu Geld kommen. Andere trachten nach Ruhm oder Anerkennung. Wieder andere möchten etwas Außergewöhnliches tun, auch wenn es in relativer Einsamkeit geschieht. Ziele variieren gemäß der Reife, dem Bedürfnis, der Erfahrung oder früherer Programmierungen.

Hin und wieder haben wir uns alle schon gefragt: „Gibt es nicht mehr im Leben, als nur Rechnungen zu bezahlen, sich mit Nahrung zu versorgen und ein Dach über dem Kopf zu haben?" Geld, Besitztümer, zwischenmenschliche Beziehungen, das kann nicht alles sein. Geld ohne Zweck ist wertlos, Besitztümer ohne Funktion sind eine Verschwendung der Kapitalanlage und zwischenmenschliche Beziehungen ohne Übereinstimmung und Sinn sind langweilig.

Unentbehrlich für den Erfolg im Leben sind: *Selbstdisziplin, Studium der relativen Welt, Kontemplation und die Einstellung, als ein organisches Wesen am Leben wachsam teilzunehmen.* Disziplin sichert die Erhaltung der Energie und eine intelligente Lenkung der Gedanken und Motive, Studium sorgt für sinnvolle Information wie für Inspiration und Motivation. Kontemplation führt zu ungehindertem Kontakt mit universellen Kräften. Wachsame Teilnahme ist das Ergebnis von mentaler und gefühlsmäßiger Gesundheit und von geistiger Reife.

Es gibt absolut keinen Grund, warum durchschnittlich intelligente Menschen nicht fähig sein sollten, bekannte Prinzipien des Denkens, Fühlens und Handelns so anzuwenden, daß sie sich unmittelbar aus der Vergangenheit in eine großartige Gegenwart bringen können. *Hier* und *jetzt* ist reiches und ergiebiges Leben. Wir müssen jedoch entschlossen handeln, wenn wir die Ernte einbringen wollen.

Ursache und Wirkung sind eins

Wenn man annimmt, daß die Umwelt die Gefühle und Gedanken eines Menschen beeinflußt, *kann das Gegenteil auch wahr sein.* Ursache und Wirkung sind eins. *Wenn wir das Ergebnis unserer Umgebung sein können, warum sollte dann nicht auch die Umgebung das Ergebnis unserer gedanklichen und gefühlsmäßigen Haltung sein?* Beides ist möglich. Die meisten Menschen sind Wirkung statt Ursache. Wenn wir unserer Umgebung erlauben, in uns Reaktionen zu verursachen, sind wir Effekt unserer Umgebung. Wenn wir die Verantwortung übernehmen, entweder unsere Umgebung teilweise zu verändern oder mit ihr leben zu lernen, sind wir nicht länger Effekt. Wir sind dann entweder Ursache (der Veränderung) oder ein Teil des harmonischen Ganzen. Nicht alle Verhältnisse bedürfen einer Veränderung, mit einigen brauchen wir nur ohne inneren Widerstand zurechtzukommen.

Der Schlüssel, um *Ursache* statt Effekt zu sein, liegt in der gedanklichen Kontrolle der Vorstellungsbilder. Dies ist durch regelmäßige Übung einer einfachen, aber wirkungsvollen Technik zu erreichen.

Merke:

1. **Das Spiel des Lebens kann lohnend und erfreulich sein.**
2. **Plane und überwache Deine Schritte täglich mit Hilfe des persönlichen Notizbuches.**
3. **Die einzige Einschränkung ist die Selbst-Einschränkung.**
4. **Disziplin sichert die Erhaltung der Energie und eine intelligente Lenkung der Gedanken und Motive.**
5. **Ursache und Wirkung sind eins.**

Praktische Anwendung

Hier sind einige Fragen, die Du Dir selbst stellen solltest. Du kannst diese Fragen und Antworten auch in Dein privates Notizbuch übertragen. Sei ehrlich mit Dir selbst! Wo eine Änderung erforderlich ist, beginne heute mit einer positiven Einstellung.

1. Was ist meine größte Stärke?
2. Was ist meine hauptsächliche Schwäche?
3. Was fürchte ich am meisten?
4. Was ist meine größte Hoffnung oder mein geheimster Wunsch?
5. Was ist mein größter Fehler?
6. Was ist meine edelste Tat?
7. Möchte ich wirklich anderen dienen?
8. Verzeihe ich tatsächlich anderen und wünsche ihnen Gutes?
9. Was würde ich am liebsten aus meinem Gedächtnis auslöschen?
10. Wenn ich die Gelegenheit hätte, was würde ich besser machen?
11. Sage ich immer die Wahrheit? Bin ich ehrlich mit mir selbst?
12. Bin ich praktisch und realistisch oder ein Tagträumer?
13. Bin ich wirklich, wie ich vor anderen erscheine? Was ist die Wahrheit?
14. Wen liebe ich am meisten?
15. Hasse ich irgend jemanden? Warum?
16. Fürchte ich jemanden? Warum?
17. Wer hat den größten Einfluß in meinem Leben auf mich ausgeübt?
18. Was sind meine wesentlichsten Ziele? Warum?
19. Wie kann ich sie am schnellsten erreichen?
20. Habe ich in der Vergangenheit versagt? Warum?
21. Bin ich bereit, diese Welt ohne Bedauern zu verlassen? Warum oder warum nicht?
22. Mache ich wirklich richtigen Gebrauch von meiner Zeit, Energie, Begabung, Intelligenz und von meinem Geld?
23. Lebe ich ernsthaft ein schöpferisches Leben? Oder spiele ich nur herum?

24. Bin ich wirklich der Mensch, der ich sein möchte, und mache ich wirklich das Beste aus meinem Leben?

Wenn Du die Fragen in Dein Notizbuch überträgst, lasse genügend Raum für detaillierte Erklärungen. Diese Fragen dienen dem Zweck, die Gedanken zu klären, und helfen Dir, mit Dir selbst und Deinen Beziehungen zum Leben und Erleben ehrlich zu werden.

NOTIZEN

NOTIZEN

NOTIZEN

,,Lange hatte ich das Gefühl, durch das dieses Studium zur Überzeugung reifte, daß Phantasie und Vorstellung nicht zwei Mächte sind, sondern eine Macht. Der tatsächliche Unterschied liegt nicht in der Substanz, mit der sie wirken, sondern in dem Grad der Intensität der wirkenden Macht selbst. Mit hoher Spannung arbeitend, wird die vorgestellte Energie aufgenommen und umgewandelt. Des Gesetzes Schlüssel: Dieselbe Energie vereinigt und verbindet jene Vorstellungen, die in ihren höchsten Gipfeln unauflöslich zu einer einzigen verschmelzen."

Die Straße nach Xanadu

John Livingston Lowes

,,Sei still und wisse, daß Du bist, was Du zu sein wünschst, und Du wirst nie mehr danach zu suchen haben."

Neville

III

Die Technik

Wir kommen zur Technik selbst: wie sie anzuwenden ist, wie sie wirkt und was sie für Dich und Deine Umwelt bedeuten kann. Das Verfahren ist der einfache Schlüssel, den Du brauchst, um alle vernünftigen Träume wahr zu machen.

Webster's Schulwörterbuch gibt diese Erklärung: *Imagination*: 1. Der Akt oder die Fähigkeit der Imagination, die Bildung von Vorstellungs- bildern oder den Sinnen nicht gegenwärtigen Objekten, besonders solchen, die in ihrer Gesamtheit noch nicht wahrgenommen werden. Folglich: mentale Synthese (Verknüpfung von Teilen zum Ganzen) neuer Ideen aus einzeln erlebten Elementen.

In unkontrollierten Augenblicken überlassen wir uns oft Tagträumen und tragen dabei Elemente einer Szene zusammen, mit der wir uns eine unbestimmte Gedankenwelt als Stätte der Zuflucht schaffen, um den zu diesem Zeitpunkt wahrgenommenen Bedingungen auszuweichen.

Schöpferische Imagination ist hingegen das Ergebnis *kontrollierten* gedanklichen Ausmalens und hat daher eine positive Wirkung auf unsere Umgebung.

Phantasie oder Tagträumerei sammeln gedankliche Bestandteile um sich herum, die Imagination gibt ihnen eine bestimmte Form und wendet schöpferische Kraft in Richtung der Manifestation an. Denk an die Worte von Ralph Waldo Emerson: „Der Mensch umgibt sich mit dem wahren Bild von sich selbst. Jeder Geist bildet sich selbst ein Heim und hinter seiner Welt einen Himmel. Begreife, daß die Welt für Dich besteht. Für Dich ist das Phänomen perfekt. Wir können nur wahrnehmen, was wir sind. Alles, was Adam hatte, alles was Caesar konnte, hast und kannst Du. Adam nannte sein Haus den Himmel auf Erden. Caesar nannte sein Zuhause Rom. Du nennst Dein Haus vielleicht eine Schusterwerkstatt, ein Land von 100 Morgen oder eine Studentenbude. Nun, Zeile für Zeile, Punkt für Punkt, Dein Reich ist so groß wie die der anderen, wenn auch ohne großen Namen.

Gestalte deshalb Deine eigene Welt. So schnell, wie Du Dein Leben Deiner reinen gedanklichen Idee anpasst, wird es seine bedeutende Größe entfalten. So wie die Gegenwart die Auswirkung zurückliegender Ursachen ist, so wird die Zukunft die Auswirkung der gegenwärtigen Ursachen sein."

Wie Du üben mußt

Die Technik der schöpferischen Imagination ist einfach zu handhaben. Sie erfordert lediglich die Disziplin, täglich ein paar Minuten zu erübrigen, um die bilderformende Eigenschaft des Gemüts zu kontrollieren. Erinnern wir uns: Vorstellungen dringen als Ereignisse und Erfahrungen nach außen. Wenn wir also diese Vorstellungen kontrollieren, sind wir fähig, die Erfahrungen und Ereignisse zu lenken, die noch auf uns zukommen.

1. Entspanne Dich an einem ruhigen Ort, an dem Du nicht gestört wirst. Lehne Dich an ein Bett oder an einen Stuhl. Lasse Deinen Intellekt klar und offen werden. Sei wach in der Gegenwart, ohne Erinnerung an die Vergangenheit und ohne Wünsche für die Zukunft, die den schöpferischen Vorgang stören könnten.

2. Sammle vor dem geistigen Auge alle Einzelheiten, die nötig sind, ein Bild des idealen Zustandes zu schaffen, den Du erleben möchtest. Mit anderen Worten, schaffe Dir ein Vorstellungsbild von Dir selbst in dem Zustand und den Lebensbedingungen, wie Du sie wünschst; oder lasse vor Deinem geistigen Auge eine Szene entstehen, welche die Erfüllung Deiner Wünsche darstellt.

3. Nun fühle und denke diese Szene als gegenwärtige Tatsache, indem Du denkst und fühlst, das durchlebte Bild ist *jetzt* Wirklichkeit. Bekomme das Gefühl, daß das Später (der Moment in der Zukunft) gerade *jetzt* ist. Das Unterbewußtsein akzeptiert alles, was wir hineingeben, ohne den Unterschied zwischen dem Erinnerungsmuster eines objektiven und eines subjektiven Ereignisses zu kennen, das heißt, den Unterschied zwischen einem Erlebnis, das sich in der dreidimensionalen Welt ereignet und einem in der reinen Vorstellung erlebten Ereignis. Indem Du denkst und fühlst, die gewünschten Er

eignisse oder Erfahrungen seien *jetzt wirklich*, wirst Du fähig, sowohl eine Änderung der unterbewußten Annahme zu bewirken als auch Gefühle von Mangel, Begrenzung, Mißerfolg und Unfähigkeit zum Handeln zu neutralisieren. Du wirst tatsächlich die Person, die Du immer sein wolltest, und das wird Dich befähigen, von der neuen Ebene aus zu handeln und alle Dinge zu erleben, die damit in Einklang sind.

4. Der letzte Schritt ist, noch tiefer in einen entspannten mentalen Zustand zu versinken oder sogar für eine Weile zu schlafen. Der Grund dafür ist, zu sichern, daß die Erinnerung des vorgestellten Erlebnisses fest aufgezeichnet bleibt, sowohl im Gemüt als auch im Bewußtsein. Wenn wir das vorgestellte Erlebnis beenden und uns direkt in eine Alltagssituation bewegen, können wir aus der vorgestellten Gefühlserfahrung herausgerissen werden in eine vom Verstand gegensätzlich empfundene Erfahrung, wodurch unsere kontrollierte Vorstellung neutralisiert und weniger wirksam wird.

Sei Dir über den Vorgang im klaren. Wir machen uns nichts vor und leben nicht in einer unrealen Welt, wenn wir schöpferische Imagination anwenden; statt dessen nehmen wir Einfluß auf unsere Denkmodelle, um unser Leben zu ändern. Die meisten Menschen kontrollieren ihre Ideen, Gefühle oder Handlungen nicht. Durch Disziplin können wir unsere Gedanken und Gefühle so kontrollieren, daß unsere Handlungen ihnen automatisch folgen. Ferner ziehen wir all das an uns, was für Wohlergehen und für ein natürliches Leben erforderlich ist. Wenn wir uns in einen Ozean der Denksubstanz, der auf unsere gedanklichen Eindrücke reagiert, begeben, formt sich diese Substanz gemäß den Ideen, die wir festgehalten haben. Deshalb ist kontrollierte Vorstellung der Schlüssel zu kontrolliertem Leben. Da wir mit diesen Dingen nun vertraut sind, benötigen wir nicht mehr viel Zeit für die Übung der Technik. Wir werden fähig sein, die Gedanken und Gefühle so zu kontrollieren, daß wir die notwendigen Änderungen in wenigen Augenblicken vornehmen können.

Wir kommen auf einige besondere Punkte des Verfahrens zurück. Laß uns zum Beispiel annehmen, Dein gegenwärtiger Wunsch sei ein Platz, an dem Du leben möchtest; der Platz sollte Deiner Vorstellung gemäß sein, günstig gelegen, bequem und attraktiv.

Suche nicht herum, um Dich schließlich mit dem zu begnügen, der gerade vorhanden ist. Beklage Dich nicht, nörgle nicht und zeige keine negative Einstellung. Sei lediglich still, an einem ruhigen Ort und kläre Deine Gedanken. Das Gemüt wird sich von selbst klären, wenn Du Dich mit einer objektiven Einstellung entspannst und Deine Gedanken schweifen läßt. Dann mache Dir vor Deinem geistigen Auge ein Bild von einem ideal gelegenen Haus. Sieh die geräumigen Zimmer, die schöne Aussicht, die Möbel und Teppiche, Lampen und was noch dort vorhanden sein könnte. Sieh einen vertrauten Freund in Deinem Vorstellungsbild und höre ihn sagen: „Ich freue mich, daß Du so schön wohnst, zumal zu solch einem angemessenen Preis. Dann *antworte mit Dankbarkeit und einem Gefühl von Erfüllung, wie Du sie empfinden würdest, wenn dies tatsächlich auf der objektiven Ebene Wirklichkeit wäre.* Das ist also, was ich damit meine, ein Wunschbild sinngemäß zu verwirklichen. Wenn wir *es als verwirklicht fühlen,* ist es nicht länger ein vorübergehendes Vorstellungsbild, sondern wird zur Erfahrung.

Was ist, wenn Du Dir etwas nicht bildlich vorstellen kannst?

Jeder kann durch Üben lernen, sich bildlich etwas vorzustellen. Um Zeit zu sparen, können wir uns indessen auch, anstatt uns bildlich etwas vorzustellen, in einen ruhigen Zustand bringen und in Gedanken eine Unterhaltung mit einem vertrauten Freund führen. Eine Unterhaltung, die die Erfüllung unseres Wunsches beinhaltet und mit allen Gefühlen der Realität empfunden wird. *Innerlich hören und gegenwärtig fühlen* sind die Schlüssel zum Erfolg bei diesem Verfahren.

Erfolg ist nicht ein Ergebnis unserer Nachahmung des Handelns erfolgreicher Menschen, sondern das Ergebnis unserer eigenen Kontrolle der Vorstellungsbilder und der persönlichen Gefühle. Was wir ständig in unserer Vorstellung festhalten, muß sich schließlich in unserer äußeren Welt widerspiegeln, weil dies das Gesetz des Denkens und Handelns ist. Der Zustand des Bewußtseins, den wir aufrecht erhalten, wird immer die besten Mittel und Wege finden, um Punkt für

Punkt die äußere Welt der inneren anzupassen.

Der Schlüssel, ist also, *vom Endergebnis her zu denken und zu fühlen, wie es gewiß sein wird*, noch bevor es in der objektiven Welt sichtbar ist.

Bewußtseinszustände bestimmen Umweltbedingungen, wenn wir verstehen, wie wir mit dem schöpferischen Gesetz zusammenarbeiten müssen. Wenn wir nicht lernen, mit dem schöpferischen Gesetz zu kooperieren, sind wir dem Schicksal unterworfen, als Effekt äußerer Ursachen durch das Leben zu gehen oder nach den überlegenen Zielsetzungsfähigkeiten anderer zu handeln, deren Leben das unsrige überschattet.

Wir müssen uns in unsere schöpferischen Vorstellungsbilder hineinbewegen, sonst lassen wir uns sinnlos treiben. Wenn wir unsere Vorstellungsbilder kontrollieren, geben wir unseren Lebensplänen Richtung und Sinn. Wenn wir in Gedanken und Gefühlen so leben, *wie wir unsere Erscheinungswelt haben möchten*, überschreiten wir die scheinbare Begrenzung von Zeit und Raum und beginnen, uns in Raum und Zeit einen unseren Wünschen entsprechenden Platz zu schaffen. Auf diese Weise lernen wir, in der vierdimensionalen Welt zu leben, und die Ideen dieser Dimension werden automatisch auf die Leinwand von Zeit und Raum als dreidimensionale Erfahrungen und Umstände projiziert.

Es ist phantastisch zu erkennen, daß wir nicht durch äußere Bedingungen gebunden sind. Wir besitzen die Macht, uns Ziele vorzustellen, als seien sie schon realisiert, und wir sehen, wie sie sich dann relativ leicht verwirklichen. Alles, was erforderlich ist, ist Disziplin und Verantwortungsbewußtsein. Manchmal möchten wir eine Erfahrung machen, wollen aber nicht die Verantwortung übernehmen, den dazu nötigen Schöpfungsprozeß zu beginnen. Oft erwarten wir, daß andere das für uns tun, was wir selbst tun sollten. Dadurch erlauben wir ihnen, Herren des Schicksals zu sein, während wir selbst Sklaven von Umständen bleiben oder Schachfiguren des überlegenen Willens anderer.

Was kommt nach der Technik?

Wenn Du einmal mit der Praxis dieser Technik vertraut bist und dann zu dem Punkt kommst, an dem Du so denkst und fühlst, als wäre das Ziel schon erreicht, was dann? Manchmal braucht es etwas Zeit, ehe sich der Wunsch nach dem gewählten Lebensumstand entfalten kann, aber er wird sich aus dem Stoff, aus dem alle Lebenserfahrungen geformt sind, entwickeln. Wenn Du nach der Praxis dieser Technik mit Ideen konstruktiven Handelns erfüllt bist, schreite mit allen Mitteln zur Tat. Die Tat wird nicht die Ursache des Endresultats sein, sondern lediglich ein Teileffekt der primären *Ursache*, nämlich des erfüllten Bewußtseinszustandes. Mit anderen Worten, tue das, wozu Du inspiriert bist, um Dich Deinem Ziel näherzubringen. Bleibe nicht untätig in der Erwartung sitzen, daß alles um Dich herum geschieht, ohne daß Du selbst einen Finger krümmst. Wenn Du allerdings nicht weißt, was Du tun und wie Du beginnen sollst, um konstruktiv zu handeln, dann tue nichts nach außen. Ruhe in dem Gedanken „Es ist schon getan!". Der erfüllte Bewußtseinszustand selbst wird dann das Übrige tun.

Leben ist ein organisches Ganzes, eine Aneinanderreihung von Teilen. Deshalb haben Bewußtseinszustände, wenn sie beibehalten werden, eine Wirkung auf unsere Umgebung. Wir beginnen Dinge, Umstände und Menschen an uns heranzuziehen, die ein Teil unseres Bewußtseins werden, wenn wir in dem Bewußtsein ruhen: „Es ist schon getan!".

Die Zeit, die Dein Traum braucht, um sich zu verwirklichen, nachdem Du die Technik *richtig* ausgeführt hast, ist die Zeit, die alle wesentlichen Dinge benötigen, um gemäß dem Naturgesetz dieser Welt zustandezukommen. Ich betone *richtig* in bezug auf die Anwendung der Technik schöpferischer Imagination. Sollte diese nicht richtig angewendet werden, wird das Ergebnis nicht in Erscheinung treten. *Diese Technik wirkt zu jeder Zeit, solange sie richtig praktiziert wird und solange bis Dein Wunsch Wirklichkeit ist.* Jemand, der ausruft:„Das mag bei anderen wirken, aber nicht bei mir!", gibt seine Unfähigkeit zu, das Gesetz anzuwenden. Ein Naturgesetz ist unfehlbar, es wirkt jederzeit, und wenn es für den einen Menschen wirkt, wirkt es ohne Zweifel auch für einen anderen. Es gibt keine bevorzugten Menschen. Es gibt jedoch welche, die fähiger und bewußter als andere sind. Die Schritte sind: *Ausgeglichenheit im Denken und Fühlen, lebendige und bildhafte Imagination des Ideals als eine reale Tatsache; durch gedankliche Bejahung verwirklichen und gegenwärtig fühlen, daß es so ist; dann ruhen bis der neue Bewußtseinszustand beständig wird.*

Unsere Wünsche müssen realistisch sein, wenn wir erwarten, daß sie sich erfüllen. Es ist unklug, wenn sich jemand eine Erfahrung wünscht, die mangels angeborener Fähigkeit nicht in seiner Begabung liegt. Außerdem müssen wir unsere Motive prüfen, um sicher zu sein, daß wir nützliche Träume für die Zukunft träumen. Wenn wir die Technik anwenden, um andere Menschen zu manipulieren, Launen oder unreife Triebe zu befriedigen, dann wenden wir diese Technik nicht vernünftig an. Wir sollten deshalb unsere Wünsche sorgfältig prüfen, so daß wir sicher sein können, uns in der Richtung ihrer Erfüllung zu bewegen, wenn wir sie beibehalten. Es könnte nämlich sein, daß gegenwärtige Wünsche, wenn sie erfüllt sind, nicht befriedigen oder für zukünftige Lebensbedingungen nicht sinnvoll sind. Mit der Fähigkeit kommt auch die Verantwortung.

Wie oft ist es notwendig, die Technik bezüglich eines gesetzten Zieles anzuwenden? Regelmäßig so lange bis der Zustand des gewünschten Bewußtseins ständig bewahrt wird. Wenn wir fähig sind, in dem Zustand von Erfüllung zu leben, ohne zu schwanken, können wir die Technik aufgeben. Der Bewußtseinszustand wird die Erfüllung des Ideals sichern. Wenn wir schwanken, dann können wir die Technik so lange anwenden, bis wir in dem gewünschten Bewußtseinszustand verankert sind. Wir wissen, daß wir in dem gewünschten Bewußtseinszustand verankert sind, wenn Gedanken, Gefühle und Handlungen im Einklang mit unseren gewählten Zielen sind.

Wenn sie nicht mit totalem Gefühl durchlebt sind, werden auch wiederholte Sitzungen vergeblich sein, so wie Gebete, die ohne Überzeugung gesprochen werden. Die Ausführung der Technik ist keine Zauberei. *Eine* richtige Durchführung des Prozesses kann ausreichend sein, jedoch solltest Du so oft wie erforderlich üben, um den gewünschten dauerhaften Zustand des Bewußtseins zu sichern.

Man mag sich fragen, ob es möglich ist, sich mehr als ein Ziel während einer Sitzung vorzunehmen. Wenn die Ziele zusammenhängend sind, so können sie als Teile des gesamten Bildes gesehen werden. Oder man kann die Technik generell anwenden, um Erfüllung in allen Lebensbereichen zu *sehen* und zu *fühlen*, um so eine planmäßige Entfaltung in allen Lebensbereichen und -lagen zu sichern. Das Bewußtsein von Erfüllung garantiert Erfüllung auf allen Gebieten des Lebens. Es mag allerdings sein, daß besondere Bereiche persönlicher Aufmerksamkeit bedürfen, weil es selten ist, daß jemand schon völlig wach und offen ist.

Wir sollten tief und sorgfältig nachdenken, bevor wir Energie aufwenden, um Ziele zu erreichen. Es ist wichtig, daß wir mit der Natur sinnvoll in Harmonie arbeiten und daß man tatsächlich mit dem Gewünschten leben möchte, nachdem es verwirklicht ist. Viele Frauen und Männer sind unglücklich, weil sie mit den Auswirkungen früherer Wünsche leben müssen. Anstatt notwendige Änderungen vorzunehmen oder den schöpferischen Prozeß anzuwenden, um neue und wünschenswertere Lebensverhältnisse zu formen, beklagen sie ihr Schicksal und wählen ein Leben in Unzufriedenheit. Der eigentliche Grund für dieses Verhalten ist mangelnde Selbstachtung. Sie meinen, nichts Besseres zu verdienen; oder falls sie den Umstand selbst herbeigeführt haben, leben sie weiter darin, um sich selbst zu bestrafen.

Man kann nicht ständig auf den Beweis untrüglicher Führung warten, um Gedanken und Bewußtsein zu manifestieren. Wir müssen zu einer Entscheidung kommen. Es ist besser, unsere Fähigkeiten zu erproben und zu lernen, sie schöpferisch anzuwenden, als zu warten und nichts zu tun. Entscheidungen, auch unkluge (nach Rückschau), bieten uns Gelegenheit, durch Erfahrung zu lernen. Mit der Zeit lernen wir durch falsche Entscheidungen, richtige zu treffen.

Solltest Du weitere Ausbildung benötigen, um eine Stellung zu erreichen, die Du auszufüllen wünschst, dann suche nach Information! Lies, nimm entsprechenden Unterricht, frage Experten um Rat! Verschwende keine Zeit mit dem Lesen von Büchern, deren Autoren den Wert der erläuterten Theorie nicht bewiesen haben! Frage nicht Leute um Rat, die weder Kenntnis noch Erfolg haben! Gehe den Din gen *immer* auf den Grund! Kläre den Sachverhalt und sammle Informationen, um konstruktiv zu handeln!

Möglicherweise wird es erforderlich, die täglichen Lebensgewohnheiten zu ändern. Verschwendest Du Zeit? Verbrauchst Du Energie durch unnütze Handlungen? Verbringst Du durch Reden oder durch „Herumhängen" zuviel Zeit mit Leuten, die nicht zielorientiert sind oder die negativ denken? Hast Du eigene nahe und ferne Ziele?

Wie steht es mit der ruhigen Unterhaltung mit Dir selbst? Bist Du positiv oder negativ, wenn Du Dich in Gedanken mit Dir selbst unterhältst? Wie steht es mit der mündlichen Unterhaltung mit anderen? Sprichst in einer heiteren, optimistischen Weise? Erlaubst Du, daß die Meinungen anderer Dich beeinflussen oder daß deren negative Tendenz Dich niederdrückt? Wir haben keine moralische Verpflichtung, Umgang mit Leuten zu pflegen, die chronisch negativ denken und deshalb unsere Gedanken vergiften.

Kommst Du mit anderen Menschen zurecht? Fühlen sich andere im Kontakt mit Dir wohl? Wir sind weise, wenn wir lernen, uns an unsere gesellschaftliche Umwelt anzupassen und gut mit allen Menschen auszukommen, mit denen wir gewählt haben zu leben und zu arbeiten. Bist Du sorgfältig gepflegt? Hast Du eine gute Sprechweise und gute Manieren? Beachtest Du die gesellschaftlichen Bräuche, die einen reibungslosen Umgang zwischen den Menschen fördern?

Zufriedenheit und Selbstvertrauen

Zufrieden zu sein bedeutet nicht totale Zufriedenheit mit der Umgebung, wie sie gegenwärtig erscheint. Innere Zufriedenheit ist jedoch die Grundvoraussetzung, mit der wir wirken, um unsere Umgebung in Ordnung zu bringen. Zufriedenheit, Heiterkeit und Selbstvertrauen brauchen nicht von Äußerlichkeiten abhängig zu sein. Erinnere Dich: Unsere Umwelt spiegelt uns oder wir spiegeln unsere Umwelt. Wollen wir Ursache und nicht Effekt sein, so haben wir eine entsprechende Haltung im Bewußtsein einzunehmen.

Zuerst kommt Selbstvertrauen, dann Entscheiden, schöpferisches Handeln und Erfüllung. Denke daran: Unsere Welt spiegelt unseren

Bewußtseinszustand, deshalb festige Dich zuerst im Bewußtsein. Bringe Deine Gedanken, Gefühle und Handlungen in Harmonie. Alles andere wird sich in natürlicher Weise entfalten.

Wenn wir verzweifelt sind und versuchen, eine Umweltsituation zu schaffen, um innere Ruhe und Zufriedenheit zu sichern, werden wir niemals erfolgreich sein. Etwas werden wir immer vermissen, weil wir uns von äußeren Bedingungen abhängig gemacht haben. Wenn wir versuchen, die richtigen Menschen an uns heranzuziehen, hoffend, daß die Beziehungen uns Glück und Erfüllung bringen, sind wir ebenfalls erneut abhängig von Äußerlichkeiten. Wir werden dazu neigen, mit Menschen zu verkehren, die unseren Bedürfnissen gerecht werden, und versuchen, vollkommen zu werden durch Beziehungen mit Menschen, die selbst nicht vollkommen sind.

Zufrieden und selbstbewußt zu sein bedeutet nicht, daß wir vollständig uns selbst genügen und keine harmonischen Beziehungen mit anderen Menschen benötigen. Es bedeutet, daß wir wohlüberlegt in Beziehungen eintreten können und nicht unter neurotischem Druck dazu gezwungen sind.

Wenn wir im Bewußtsein *bereit* sind, werden wir die Erfahrungen im Leben haben, die wir haben wollen. Wenn unsere Wünsche dem entsprechen, was wir *annehmen* können, kann uns kein vernünftiger Umstand versagt bleiben. Das ist der ganze Schlüssel der Philosophie positiven Denkens. Es ist ebenso der Schlüssel wirkungsvoller Gebete. Wenn positives Denken auf bejahendes Fühlen und Handeln hinausläuft, wird das Ergebnis eintreten. Wenn sich das Gebet aus dem bloßen Verlangen nach dem Gebetsobjekt in die *Überzeugung* verwandelt, daß *es bereits verwirklicht ist*, dann sind Gebete wirkungsvoll.

Vertrauen ist die Substanz der erhofften Dinge, der Beweis noch nicht sichtbarer Dinge. Das haben die großen Propheten verkündet. Mit Vertrauen leben heißt, in Gedanken und Gefühlen einen Zustand erleben, den wir erleben würden, wenn unsere Wünsche schon jetzt erfüllt wären, sogar wenn unsere Sinneseindrücke momentan einen Gegenbeweis zu liefern scheinen.

Denke daran: Wir haben gesagt, daß die Erfahrung eine Folge unseren Bewußtseinszustandes ist. Deshalb müssen wir im Denken und in der Überzeugung beständig bleiben, wenn wir unseren Traum verwirklicht sehen wollen.

Es ist für Golflehrer nicht ungewöhnlich, daß sie ihre Schüler Professionelle in Aktion beobachten lassen, bevor sie überhaupt Anweisungen geben, wie sie den Schläger halten müssen, wie sie die richtige Haltung einzunehmen und wie sie zuzuschlagen haben. Das dient dazu, daß das Unterbewußtsein die Bilder der richtigen Prozedur „fotografieren" kann, um damit dem Schüler zu helfen, richtig zu beginnen und Fehler zu vermeiden. Sogar Basketballspieler, die sich die Zeit nehmen, sich *vorzustellen*, wie sie erfolgreich werfen, wenn sie gerade nicht üben können, bleiben in ihren Leistungen beständig. Verkäufer, die von sich die Vorstellung haben, erfolgreich zu sein, neigen dazu, tatsächlich erfolgreich zu sein. Kurz, wir sind fähig, richtig zu handeln, wenn wir uns vorstellen können, richtig zu handeln. *Der Mensch wird zu dem, worüber er nachdenkt, weil vorherrschende Denkgewohnheiten das Bewußtsein gestalten und als Verhalten und Erfahrung reflektieren.*

Jeder Lehrer der Wahrheit hat gelehrt: *Jede vernünftige Sache, die ein Mensch gedanklich begreifen und sich vorstellen, felsenfest glauben und unbeirrt ständig im Gedächtnis festhalten kann, wird sich sicher realisieren.*

Gesunder Samen in fruchtbaren Boden gesät, wird sicher keimen und nach seiner eigenen Art wachsen. Getreide kommt von Getreide, Bohnen von Bohnen, Kartoffeln von Kartoffeln. Glück folgt positivem Denken, Mißerfolg folgt negativem Denken und unklugen Verhaltensweisen. Die Gesetze der Natur sind sicher. Gleiches erzeugt Gleiches. Bei Betrachtung unserer gegenwärtigen Erfahrungen können wir oft sagen, wie unsere Vergangenheit war, und bei Prüfung unserer gegenwärtigen Gedanken und Einstellungen, wie unsere Zukunft sein wird.

Einstellungen

Wie ist Deine gegenwärtige Einstellung in bezug auf Mitmenschen, Umgebung und Dinge? Sind die Menschen in Ordnung so, wie sie sind oder sollten sie alle geändert werden? Betest Du für an dere und segnest Du sie? Wünschst Du allen Menschen das Beste und wünschst Du ihnen, erfolgreich und gesund zu sein? Findest Du es richtig, andere zu übervorteilen? Denkst Du, andere könnten Dich übervorteilen? Fühlst Du Dich wohl an dem Platz, an dem Du arbeitest? Kannst Du die Dinge dieser Welt frei und mit Verständnis handhaben?

Einer der Gründe, warum einige Menschen mit ihren Mitmenschen nicht auskommen können, ist, daß sie ihnen gegenüber feindselig sind und sie eigentlich nicht leiden mögen. Oft fühlen sie sich unsicher und müssen sich selbst beweisen, überlegen zu sein. Erinnere Dich des Schlüssels: *Wir können in unserem Leben nur das erfahren, was wir auch von anderen für wahr halten.* Jemand mag sagen: „Ich habe positives Denken und die Technik schöpferischer Imagination entsprechend den Anweisungen geübt, aber ich bin immer noch ein Versager." Dann fragen wir: „Denkst Du, daß es für andere möglich ist, zu versagen?" Die Antwort wird „Ja!" sein. Auch wenn wir versuchen, in konstruktiver Weise für uns zu glauben, wenn wir an die Möglichkeit der Einschränkung für andere glauben, dann halten wir diesen Glauben oder das Konzept in unserem Gedächtnis fest. Das Gesetz ist, gedankliche Konzepte oder Vorstellungsbilder können sich als Erfahrung äußern.

Wir erleben Erfüllung, wenn wir anderen Gutes wünschen und es wahrhaftig so meinen. Wenn wir jedoch denken, daß es für einen anderen Menschen möglich sei, geschäftlich zu versagen, krank zu werden, einen Unfall zu haben oder unglücklich verliebt zu sein, dann können auch wir all das erleben. Nicht aufgrund eines Gesetzes der Vergeltung, sondern lediglich, weil das Gesetz unpersönlich ist: Das, was innen ist, kann und wird sich nach außen manifestieren, es sei denn, es wird durch eine korrigierende Handlung aufgrund der Einstellungsänderung umgewandelt oder neutralisiert.

Wenn wir bestrebt sind, andere zu übervorteilen, tendieren wir dahin, eine Situation zu schaffen, in der wir selbst irregeführt und mißbraucht werden. Deshalb müssen wir immer darüber nachdenken, wie wir anderen dienen können, und uns erinnern, daß unser Erfolg und unsere Erfüllung durch offene Kanäle kommt und niemand übervorteilt oder bekämpft werden braucht, damit wir erfolgreich sein können. Das Leben erfüllt sich selbst durch offene und kooperative Kanäle, so daß jeder aufgrund seiner Verbindung mit uns gesegnet ist.

Vernünftiger Gebrauch von Geld, Hilfsmitteln, Kleidung und allem, womit wir täglich umgehen, ist notwendig. Wir sind keine Sklaven des Materialismus, wenn wir den Dingen der Welt Beachtung schenken. Die Einstellung ist der Hauptfaktor. Wir sind dann Sklaven, wenn wir verhaftet oder nicht fähig sind, vernünftig zu handeln. Abhängigkeit von Dingen und Abneigung gegen Dinge sind beides Beschränkungen. Richtiger Gebrauch der Weltschätze ist der Weg der Weisheit.

Ebenso ist die Annahme natürlicher Funktionen der Weg der Weisheit. *Es ist natürlich, gesund und erfolgreich zu sein, den Lebensprozeß richtig zu erkennen und harmonische Beziehungen mit anderen zu genießen.* Es ist unnatürlich, krank und arm zu sein, eine allgemein negative Einstellung zum Leben zu haben und mit anderen Menschen in Konflikten zu leben. Zu sagen: „Diese Welt ist ein Ort voller Kampf und Widerwärtigkeit", ist Dummheit. Wir handeln gegen uns selbst, wenn wir versuchen, schöpferische Fähigkeiten anzuwenden, um Erfüllung zum Ausdruck zu bringen und gleichzeitig an negativen Denkmodellen festhalten wie: „Die Leute sind nicht gut", „Geld ist der Grund allen Übels", „Es ist des Menschen Natur, krank zu werden", „Sex ist schlecht", „Du hast den anderen dranzukriegen, bevor er Dich drankriegt", usw. Einige hegen die unrichtige Meinung, daß einsam zu sein und außerhalb des weltlichen Stromes zu bleiben die „spirituelle" Lebensbedingung sei.

Ich kenne brillante und dynamische Menschen, Direktoren weitreichender Geschäftsorganisationen, die dennoch in ruhigem und beständigem Bewußtseinszustand leben. Sie wissen aus Erfahrung, daß erweitertes Bewußtsein nicht die praktischen Dinge der Arbeit im Geschäftsleben zu stören braucht.

Wer im Geschäftsleben seine Dienstleistung sowohl in Quantität als auch in Qualität steigern möchte, kann dazu die schöpferische Imagination anwenden. *Er sollte täglich in ruhigem Zustand verweilen und vor seinem geistigen Auge eine Situation schaffen, welche die Ver* wirklichung seiner Träume und Ideale zum Inhalt hat. Aufgrund einer innerlichen Veränderung in seiner Einstellung und seinem Bewußtsein erlebt er dann ein neues Bild von sich und seinem Geschäft. Ideen kommen, Energie wird intelligent eingesetzt, Unterstützung wird ihm zuteil, Kunden werden in größeren Mengen kaufen und anderen weitererzählen, die dann wieder ein Glied in der Erfolgskette werden.

Wir alle möchten gesund sein und leicht funktionieren können. Solltest Du ein physisches Problem haben, das kuriert werden muß, bringe es sofort in Ordnung. Vielleicht ist ein Wechsel der Eßgewohnheiten erforderlich. Vielleicht ein realisierbares Körpertrainings-Programm. Außerdem halte Dir die Auswirkungen der gedanklichen Einstellungen und der Gefühle auf den physischen Körper vor Augen. Wir alle unterscheiden uns in unseren Fähigkeiten und Voraussetzungen. Was für den einen nützlich ist, ist nicht unbedingt auch für alle Menschen nützlich. Es gibt Grundrichtlinien, doch muß der Einzelne das für ihn geeignete Programm annehmen.

Gesundheit beginnt im Denken. Wenn wir Selbstachtung und sozusagen gesundes Bewußtsein haben, verhalten wir uns entsprechend unseren Bedürfnissen. Wir sind klug genug, um selbstzerstörerische Gewohnheiten aufzugeben wie übermäßiges Essen, chemisch behandelte Nahrung, zuviel Tabak, Alkohol und verstopfende Nahrung. Das ideale Körpergewicht sollte durch ein Körpertrainings-Programm, Diät und positive mentale Einstellung beibehalten werden. Dulde keine Entschuldigungen für Übergewicht, ständige Übermüdung oder häufige Erkrankung. Finde die Ursache des Problems und korrigiere diese.

Wende die Technik schöpferischer Imagination an, um Dich selbst innerlich gesund, fähig und in allen Teilen funktionstüchtig zu *sehen*. Sei diszipliniert, was Deine Ernährung betrifft. Stelle bei Übergewicht ein Programm auf, das den Körper mit der nötigen Ernährung versorgt und *stehe es durch!* Wenn Du Dich selbst schätzt und eine gesunde Einstellung zur Welt und anderen Mitmenschen hast, wirst Du Dich selbst im richtigen Gewicht sehen und dieses bald auch haben. Um Gewicht zu verlieren, braucht man nicht einer Gewichtsverminderungsbewegung angehören, sich auf eine Diätmarotte einzu lassen oder die Angelegenheit zu dramatisieren. Iß einfach weniger, iß richtig, bewege Dich genug und *sieh Dich* mit dem idealen Gewicht und der idealen Figur.

Die Fähigkeiten, Umstände zu sehen, die noch nicht in Erscheinung getreten sind, stellt den Menschen über alle anderen Lebewesen. Tiere leben vom Instinkt. Sie sind entsprechend den Erfahrungen ihrer Vorfahren programmiert. Sie ändern ihre Verhaltensweise nur, wenn sie dazu durch Gefahren in ihrer Umgebung gezwungen werden und nur, um zu überleben. Aber der Mensch hat die wunderbare Fähigkeit, das vorher Unbekannte zu sehen, und sich dann in seine mentalen Projektionen hineinzubewegen. Demgemäß kann man frei sein von Routine und zwingenden Verhaltensweisen. Der Mensch ist nur durch das Naturgesetz begrenzt *und durch seine Weigerung, sich Zustände und Bedingungen vorzustellen, die im Moment noch anders erscheinen.* Diese Fähigkeit der Vorstellung ist das Geheimnis allen Fortschritts, aller Erfindungen und aller Änderungen in unserer gesellschaftlichen Struktur.

Wie helfen wir anderen

Wenn Du Mitmenschen kennst, die Hilfe brauchen, wende die Technik der schöpferischen Imagination für sie an. Zunächst *versichere Dich, daß diese Mitmenschen überhaupt Hilfe möchten, und danach, wie Du am besten helfen kannst.* Mische Dich nicht in das Leben anderer ein. Versuche nicht, andere gegen ihren Willen zu ändern, und störe nicht deren persönliches Schicksal. Zunächst ist es immer richtig, das Beste von anderen zu erwarten und sie zu segnen, indem Du diese Einstellung zu ihnen aufrecht erhältst. Gewöhnlich reagieren unsere Mitmenschen auf unsere unausgesprochenen Erwartungen. Es wurde in Lehrprogrammen demonstriert, daß Studenten das ausführten, was ihre Lehrer von ihnen erwarteten. Ganz besonders erwidern Kinder die unausgesprochenen Erwartungen der Eltern und Lehrer. Das trifft auch für Erwachsene zu. Erwarte deshalb das Beste für alle, die Du kennst und mit denen Du verkehrst; dadurch rufst Du deren strahlendes Wesen hervor.

Wenn jemand ein Problem hat und nach Hilfe fragt, tue, was Du tun kannst. Vielleicht ist nur ein gutes Wort, ein Hinweis erforderlich. Möglicherweise ist Ermutigung oder eine gefühlsmäßige Unterstützung notwendig. Du magst vielleicht sogar inspiriert sein, die Technik schöpferischer Imagination zu ihren Gunsten anzuwenden. Falls dem so ist, gehe folgendermaßen vor: Gehe in Deinem Bewußtsein in die Stille. Wenn Du für einen Menschen tätig werden möchtest, so vermeide alle Gedanken, die von der Behauptung einer Begrenzung ausgehen. Beginne vielmehr mit einer neutralen Position. Schaffe vor Deinem geistigen Auge eine Situation, welche diesem Menschen die erforderliche Freiheit läßt. Mache Dir klar, daß wir nicht Telepathie anwenden, um zu versuchen, diesen Menschen zu beeinflussen. *Wir ändern unsere eigenen Gedanken und unser Bewußtsein bezüglich dieses Menschen.* Weil der Mensch, für den wir tätig werden, in unserer Umgebung ist, und wir nur sehen und von ihm wissen, daß er perfekt und vollkommen ist, muß eine Veränderung vor sich gehen. Etwas anderes ist nicht möglich. Wir sehen weder voraus, wie die Veränderung sein wird, noch halten wir Ausschau nach Zeichen einer Veränderung. Wir tun nur unsere Arbeit und geben das Bild frei. Es ist getan! Wir schauen nicht zurück! Wir zweifeln nicht! *Wir haben uns selbst behandelt für den anderen!*

Es ist nicht richtig und ethisch, höhere schöpferische Fähigkeiten zum Nachteil anderer Menschen anzuwenden oder um sie zu unserem Vorteil zu manipulieren. Manche Menschen sind beeinflußbar und können dadurch beherrscht werden, aber was uns betrifft, wäre es Schwäche, sie zu übervorteilen. Ein Verkäufer zum Beispiel sollte nicht die schöpferische Imagination anwenden, um sich eine bestimmte Person zu vergegenwärtigen, die zu einer bestimmten Zeit und zu einem bestimmten Preis kauft; statt dessen sollte der Verkäufer eine Erfolgseinstellung bei sich selbst schaffen und dann denen dienen, die zu ihm hingeführt werden und geneigt sind, seine Dienste zu akzeptieren.

Können wir von anderen beeinflußt werden? Natürlich! Wir können unter den psychischen Zwang kommen, der von anderen Menschen ausgestrahlt wird. Wir können jedoch lernen, uns abzuschirmen und ohne bewußte Zustimmung nicht beeinflußbar zu sein. Ne gative Gedanken und Absichten irregeleiteter Menschen brauchen wir nicht zu fürchten. Wenn kein Glaube an die Macht negativer Gedanken vorhanden ist, wird nichts in uns sein, wozu negative Gedanken eine Beziehung finden. Wir werden keine Gebete um Schutz nötig haben, keinen höheren Willen oder irgendeine Technik oder Methode der Verteidigung. Alles, was wir brauchen, ist klares Bewußtsein.

Ein wirkungsvollerer Weg, anderen Menschen zu helfen, ist, ihnen das richtige Vorbild zu sein und frei die Prinzipien erfolgreichen Lebens an sie weiterzugeben. Wir können anderen entsprechend ihren Fähigkeiten helfen, aber wir sollten mit allen Mitteln versuchen, ihnen zu zeigen, wie sie sich selbst helfen können. Wenn wir unser Verständnis anderen weitergeben, dann können auch sie selbstsicher und unabhängig werden.

Erwachtes Bewußtsein

Mache Dir klar: Wenn wir die schöpferische Imagination richtig anwenden, wollen wir damit nicht das Unterbewußtsein programmieren. Einige Beeinflussung ist allerdings unumgänglich, und die Praxis wird außerdem negative Programmierungen des Unterbewußtseins neutralisieren. Aber unser Hauptbestreben wird sein, uns aus der Abhängigkeit von unterbewußten Programmierungen zu befreien, so daß wir in jedem Moment als selbstbestimmende Menschen jeder Lebenssituation gemäß in angemessener Weise handeln, anstatt auf eine gegenwärtige Situation so zu reagieren, als wäre sie eine gleiche frühere Situation. Jemand, der eingeschränkt ist, muß entsprechend seiner unterbewußten Programmierung durch das Leben gehen. Ein Mensch, der wach und fähig ist, richtig zu analysieren, kann intuitiv und spontan richtig handeln.

Unsere Umgebung spiegelt unseren Bewußtseinszustand. Unsere Hauptaufgabe ist, im Bewußtsein beständig zu bleiben. Äußere Ereignisse werden sich entsprechend anpassen. Dies ist beinahe so einfach, wie den Zündschlüssel umzudrehen, um den Motor unseres Wagens zu starten. Wir ruhen in der inneren Überzeugung von der gewünschten Erfahrung, und die Mechanik der Natur sorgt für den Rest des Prozesses.

Wir sollten aus unserer Übung schöpferischer Imagination wie neugeboren hervorgehen, eine neue Einstellung und einen neuen Bewußtseinszustand besitzen. Wenn wir, nachdem wir die Technik geübt haben, sagen: „Ich hoffe, daß es wirkt!", haben wir nicht richtig geübt. Im neuen Bewußtseinszustand zu leben, garantiert bestimmte und voraussagbare Ereignisse.

Es ist nicht ungewöhnlich für einen Menschen, der diese Methode anwendet, zu entdecken, daß er telepathisch wird, das heißt fähig, Gedanken und Absichten anderer Menschen zu erkennen. Man mag sogar gewahr werden, daß Präkognition, also die Fähigkeit, die Zukunft zu sehen, sich zu entwickeln beginnt. Das ist ein Teil eines natürlichen Entfaltungsprozesses und kein Anlaß, etwas zu befürchten oder gar selbstgefällig zu werden. Man neigt außerdem mehr dazu, nach der Seele zu forschen, um zu lernen, besser aus den inneren Ebenen des Denkens und Bewußtseins zu handeln. Wir wachsen in eine größere Verantwortung hinein, und da wir nun schöpferische Fähigkeit haben, stellt sich die Frage: Was fangen wir damit an?

Wir beschleunigen den Prozeß nicht. Haben wir einmal das Bild unseres Ideals als eine gegenwärtige Wirklichkeit dem Denken, Fühlen und Bewußtsein eingeprägt, lassen wir die Pläne sich in richtiger Reihenfolge entfalten. Anspannung und Kraftaufwand sind nicht erforderlich. Das Geheimnis ist zu lernen, *Träume in die Wirklichkeit zu träumen.* Kühne Hoffnungen, ideale Träume und vorgestellte Erlebnisse finden den Weg, sich in der dreidimensionalen Welt auszudrücken. Nach Anwendung der Technik folgst Du der Führung, soweit es das schöpferische Handeln betrifft. Wende jedoch keine übertriebene Autosuggestion an, sonst verhinderst Du die natürliche und richtige Verwirklichung der Ideen.

Empfinde Dankbarkeit für die Erfüllung Deiner Wünsche und die Verwirklichung Deiner Träume, noch bevor sie in Erscheinung treten. Das ist die Bestätigung dafür, daß es so gut wie getan ist, da Du ja nicht dankbar sein kannst für etwas, das nicht existiert. Dankbarkeit festigt unser Vertrauen. Begrenze nicht die Kanäle, durch welche das Glück sich ausdrücken will. Leben erfüllt sich durch Menschen.

Das ist die Ursache allen Ausdrucks, und Einzelpersonen sind Kanäle. Denksubstanz ist ohne Anfang und ohne Ende und kann sich durch verschiedene Wege ausdrücken in alle Ewigkeit. Wenn der schöpferische Strom beginnt und Du mit ihm in Harmonie bist, tritt die Erfüllung natürlich und mühelos ein.

Unsere Sicherheit liegt nicht im sichtbaren Reichtum, sondern in unserem Konzept von uns selbst und unserer bewußten Beziehung zum Lebensprozeß. Gesundheit, Zufriedenheit und Wohlergehen fließen ungeachtet äußerer Bedingungen aus dem Innern unseres eigenen Bewußtseins. Wer liebt, dem wird es nicht an Liebe mangeln. Wer friedlich ist, wird niemals unruhig sein. Wer in Harmonie mit der Natur lebt, wird keinen Schaden nehmen, nicht einmal inmitten von Verwirrung und Unheil. Wie andere sich auch von ihrem Verständnis und Bewußtsein geleitet um uns herum äußern mögen, wenn wir im Einklang mit dem Leben und in Harmonie mit dem Naturprozeß sind, wird es uns an nichts Wesentlichem mehr fehlen.

Es ist besser, im Stillen zu wirken und unseren schöpferischen Ausdruck Beweis für unsere Fähigkeit sein zu lassen. Es gibt keine Notwendigkeit, öffentlich über unsere Ziele zu sprechen oder zuversichtliche Behauptungen zu machen. Bleibe im Vertrauen, weil Vertrauen die Substanz der erhofften Dinge, der Beweis unsichtbarer Dinge ist. Schwanke nicht in Zeiten der Herausforderung und scheinbarer Verzögerung, denn sonst wirst Du im Feuer innerer Konflikte versucht und geprüft. Bleibe standhaft, kontrolliere Deine Aufmerksamkeit, sei im Einklang mit dem Schöpfungsprozeß! Die Handlung, zu der Du wahrhaft berufen bist, wird durch Dich geschehen, wenn Du lernst, es zuzulassen.

Vor Jahren zog sich ein Mann vom Geschäftsleben zurück und fühlte sich berufen, seine Zeit und seine Fähigkeiten mit anderen zu teilen, um die Prinzipien weiterzugeben, von denen wir sprechen. Er dachte nicht daran, klein zu beginnen und mit der Zeit zu wachsen. Er wirkte vom *Ende* seiner Träume her, zog also in ein vornehmes Hotel und verbrachte dort einige Tage, um sich mit den Menschen und der Umgebung vertraut zu machen. Tatsächlich machte er es zu seinem Zuhause und fühlte sich dort wohl.

Als nächstes bereitete er eine Vortragsreihe vor und mietete eine große Halle. Aufsehenerregende Zeitungsanzeigen erschienen, und er begann sein neues Wagnis mit Hunderten von eifrigen Studenten als Teilnehmer an seinen Veranstaltungen. Immer mehr Leute kamen, und nach Jahren hatte dieser großartige Lehrer eines der größten und einflußreichsten Zentren seiner Gegend.

Der größte Nutzen, der durch die richtige Anwendung der Technik schöpferischer Imagination erlangt wird, ist die Erfahrung, fähig zu sein, im Leben frei zu handeln. Die meisten Barrieren sind Projektionen unseres eigenen Denkens. Anstatt ein Bild der vorgestellten Begrenzung festzuhalten, sehen wir großartige Möglichkeiten, träumen wir erhabene Träume und sehen, wie sie wahr werden.

Merke:

1. **Die Wichtigkeit kontrollierter Vorstellungsbilder.**
2. **Überprüfe die vier Übungsschritte der Technik.**
3. **Denke und fühle vom Endergebnis her.**
4. **Zufriedenheit und Selbstvertrauen stehen an erster Stelle.**
5. **Die Einstellung bestimmt die Lebenserfahrung.**
6. **Hilf anderen, so wie Dir geholfen wurde.**
7. **Sei von Beginn an dankbar.**
8. **Das Leben selbst ist die Quelle unseres Wohlergehens.**

Praktische Anwendung

1. Lies dieses Kapitel nochmals und denke es klar durch. Dann gönne Dir mindestens 30 Minuten täglich zur Entspannung, zum Denken und Planen und zur Anwendung der Technik schöpferischer Imagination. Wenn Du keine besonderen Ziele hast, für die Du übst, wende die Technik an, um Deine optimistische Einstellung und Dein positives Fühlen zu stabilisieren.

2. Wenn Du Dich in einem ausgefahrenen Gleis befindest oder in einer Routine, bemühe Dich bewußt, Deine Gewohnheiten zu ändern, um Deine Perspektive zu erweitern. Beginne neue Kontakte und entdecke Deine schöpferischen Reserven. Nimm bewußt Kontakt auf mit Menschen, mit Deiner Umwelt und mit Dingen, durch die Du darin gefördert wirst, eine lebendige Kommunikation zu pflegen. Bleibe von Menschen fern, die Dich herunterziehen, und von einer Umwelt, die Deinen höheren Entschluß schwächt.

3. Achte auf Deine Ernährung und ernähre Dich richtig. Sorge für genügend Ruhe (Schlaf), Entspannung und Bewegung.

4. Fürchte Dich nicht vor Veränderungen, wenn sie notwendig sind. Um Furcht zu überwinden, lies etwas über erfolgreiche Menschen. Beginne zu handeln und erwerbe durch das Tun Vertrauen. Lies Schriften Deiner Wahl, bete und komme in Einklang mit dem Leben.

,,Vergib, und Dir wird vergeben''

Lukas 6,37

IV

Die befreiende Macht der Imagination

Eine der beglückendsten Verheißungen für den Menschen ist, *daß schöpferische Imagination, richtig angewandt, buchstäblich Umstände ändern und von der Vergangenheit befreien kann.* Indem gedankliche Konzepte durch kontrollierte Imagination richtiggestellt werden, können wir das, was aufgrund früheren, unklugen Denkens getan wurde, ungeschehen machen. Wir unterziehen lediglich die Theorie einem Test und sehen, ob sie wahr ist oder nicht.

Denke immer daran, daß wir als Bewußtsein ohne Namen und Form sind. Bewußtsein besteht aus sich selbst. Ich weiß, daß ich existiere. Stimmungen können schwanken, Konzepte wechseln, Einstellungen sich ändern, aber ich bin mir immer bewußt, daß ich der Betrachter dieser Bedingungen und Zustände bin. *Wir schöpfen nicht einen Zustand oder eine Erfahrung, wir bringen sie durch Änderung der Einstellung in Manifestation.* Alle möglichen menschlichen Verhältnisse und Erfahrungen sind bereits gegenwärtig und brauchen nur erkannt und manifestiert zu werden. Wenn wir fähig sind, Leben von unserem Blickpunkt aus zu sehen und anzunehmen, daß wir bekommen, was wir für uns selbst oder für andere wünschen, werden wir die Ideen auf der Ebene der Sinneswahrneh- mung in Erscheinung treten sehen. Ob wir Wohlergehen oder Begrenzung ausdrücken, Gesundheit oder Krankheit, Aktivität oder Mangel an Fähigkeit, hängt von unserer Bewußtseinsstufe ab, die wiederum von Einstellungen, Konzepten und Erinnerungen abhängig ist. Unser angeborenes klares Bewußtsein wird ständig gewandelt durch eigene Ansichten, Erinnerungen an frühere Erfahrungen und durch Konzepte, die wir von anderen angenommen haben oder selbst erlangten.

Wenn mein Bewußtsein das Ergebnis von Einstellungen, Erinnerungen und Konzepten ist, dann kann ich meinen Bewußtseinszustand durch Änderung der Einstellungen, Erinnerungen und Konzepte ändern. Wir sind das Zentrum unserer Umgebung, und unsere Umgebung gestaltet sich gemäß unserer Einstellung. Wir befinden uns in diesem Moment da, wo wir entsprechend unserem gegenwärtigen Bewußtseinszustand hingehören.

Die meisten Menschen in dieser Welt sind Sklaven von vergangenen Entscheidungen und von Erinnerungen an frühere Erfahrungen. Denke daran: Wünsche neigen dazu, sich selbst zu erfüllen. Es sei denn, sie sind umgewandelt oder neutralisiert worden. Wieviele Wünsche der Vergangenheit, lange vergessen, leben still im Unterbewußtsein fort und warten auf die Gelegenheit der Erfüllung! Wieviele Erinnerungen an frühere Mißerfolge, Ablehnungen oder schmerzliche Begegnungen im Leben liegen in den geheimen Winkeln des Unterbewußtseins vergraben, die immer noch unser Benehmen und unsere Beziehungen zu anderen einschränken und bestimmen! Nur wenige der Durchschnittsmenschen wissen, in welchem Umfange sie durch das Gewicht der gedanklichen und gefühlsmäßigen Programmierungen gezwungen werden oder beeinflußt sind.

Drei Arten von Eindrücken im Unterbewußtsein

Gedankliche Eindrücke sind gewöhnlich auf der Unterbewußtseinsebene mit allen Emotionen und Erinnerungen von verwandten Vorkommnissen aufgezeichnet. Wir nehmen in das Ablagesystem unseres Bewußtseins all das auf, dem die Sinne in einem bestimmten Moment ausgesetzt waren. Zum Beispiel: Wenn ein junger Mann in einer Stellung grob behandelt wird, dann wird er diese grobe Behandlung mit all den Erinnerungen an die Arbeitsumgebung und die anderen Menschen in dieser Umgebung im Gedächtnis behalten. Er kann sogar eine Abneigung gegen diese Umgebung oder die Art der darin geleisteten Arbeit im Gedächtnis behalten. Die bloße Erwähnung einer ähnlichen Umgebung im Gespräch oder das Zusammentreffen mit psychologisch ähnlichen Typen in der Umgebung wird Gefühle von Verstimmung, Schamgefühl oder Hass in ihm wecken, oder wie auch immer seine Natur diese Abneigung ausdrücken wird. Mitunter, wenn unsere Emotionen wieder erwachen, werden wir unvernünftig und machen schädliche Aussagen, lassen einige Schmerzgefühle der Vergangenheit wiederaufleben und werden sogar verwirrt und deprimiert.

Menschen geraten leicht in Verwirrung, wenn ihre festen Konzepte auf die Probe gestellt werden. Da wir nicht daran gewöhnt sind, zu allen Zeiten objektiv zu bleiben, erlauben wir uns selbst, in Konzepten und Einstellungen verankert zu sein, und fühlen auf diese Weise etwas Sicherheit. Wie auch immer: Wenn unsere Konzepte auf die Probe gestellt werden und sich unsere Einstellung wandelt, werden wir ängstlich und geraten durcheinander. Wie oft haben wir den Ausspruch gehört: „Der Mensch muß an etwas glauben." Glaube erlaubt Überzeugung, und Überzeugung verleiht Stabilität. Es gibt einen höheren Weg, über den Glauben hinaus zum *Wissen* zu kommen. Aber laß uns am Anfang beginnen.

Die erste Art unterbewußter Eindrücke ist jene, denen wir momentan erlauben, in unser Bewußtsein einzudringen. Was wir zur Zeit im Denken und Fühlen akzeptieren, wird unser zukünftiges Leben bestimmen. Deshalb sollten wir wach, wählerisch und jederzeit entschlossen schöpferisch tätig sein. Lerne Deine Empfindungen zu überwachen, wenn Du mit anderen nicht übereinstimmst, etwa beim Nachrichten hören oder beim Lesen von Zeitungen, Magazinen und Büchern! Lerne zu unterscheiden und erlaube nur dem, was Du als wahr und gut befindest, in Dein Gedächtnis einzudringen! Sei nicht beeindruckt, nur weil Du mit seriöser Stimme oder mit emotionalem Druck angesprochen wirst! Benutze immer Deine Intelligenz und stelle immer die Wahrheit fest! Wende die schöpferische Imagination an, um Deine Einstellung und Deinen Bewußtseinszustand zu berichtigen!

Je eher wir lernen, daß keine äußere Ursache für unsere Lebenserfahrungen verantwortlich ist, desto besser. Es ist leicht, für unsere Höhen und Tiefen andere Menschen, Wirtschaftspolitik, mangelnde Ausbildung, ungünstige Ausgangspositionen und sogar die Planeten verantwortlich zu machen. Die einfache Tatsache ist aber die, daß wir das Produkt unseres eigenen Bewußtseinszustandes sind. Gegenwärtige Gedanken bestimmen gegenwärtige Erfahrungen. Diese gedankliche Verfassung mag teilweise das Ergebnis vergangener Absichten und akzeptierter Konzepte sein, wir brauchen jedoch nicht an ihnen festzuhalten. Wir können uns durch die richtige Anwendung schöp ferischer Imagination befreien. Wenn das nicht wahr ist, müssen wir damit zufrieden sein, für immer in Fesseln zu bleiben, bis äußere Anläße uns zu Hilfe kommen. Unsere bewußte Entscheidung und die Fähigkeit, die erwachte Vorstellungskraft anzuwenden, kann uns vor Unglück, Schmerz und Kampf bewahren.

Die zweite Art unterbewußter Eindrücke sind jene, die wir in der Vergangenheit akzeptiert haben und die sich jetzt auswirken. Wenn sich etwas in unserem Leben entfaltet, das wir akzeptieren können und das unserem Ideal vom Leben entspricht, dann können wir den Prozeß sich weiterentwickeln lassen. Wenn nötig, können wir unsere Gedanken ändern und unsere Einstellung berichtigen. Auf diesem Wege bestimmen wir, wie die Ereignisse in Erscheinung treten.

Eine Hauptregel ist: Niemals auf eine ungewollte Erfahrung gefühlsmäßig negativ zu reagieren. So zu reagieren, hieße, bloße Wirkung der Ursache zu sein. Wenn wir Meister der Umstände sein wollen, müssen wir objektiv bleiben und das Steuer in der Hand behalten. Wenn ein Problem besteht, analysiere den Inhalt Deiner Gedanken und des Bewußtseins, um zu sehen, was in Dir mit dem Problem in Beziehung steht. Warum akzeptierst Du es? Warum läßt Du zu, daß es ein Teil Deiner Erfahrung ist? Es kann sein, daß die gegenwärtige, unangenehme Situation ein Ergebnis früherer gedanklicher Ursachen ist oder die Folge mangelnder Beachtung der Details. Dann ändere die Denkmodelle und achte dabei auf alle Einzelheiten. Es kann auch sein, daß das, was wir als ein Problem erleben, nicht durch einen früheren Wunsch begründet ist, statt dessen aber ein Ergebnis unserer immer noch bestehenden irrtümlichen Begrenzung, weil wir etwa das Leben langweilig finden oder das Bedürfnis haben, uns selbst zu bestrafen. Behandle gedankliche Eindrücke dieser zweiten Art nicht als vergangene Ursachen, sondern als gegenwärtige, denn obwohl wir sie in der Vergangenheit auf uns geladen haben, sind es gegenwärtige Eindrücke. Wir müssen nicht in die Vergangenheit zurückgehen, wir können solche Ursachen als gegenwärtig bestehende behandeln, *weil sie gegenwärtig vorhanden sind.*

Die dritte Art unterbewußter Eindrücke sind tiefsitzende und deshalb gegenwärtig nicht bewußte Eindrücke. Sie treten entweder zu bestimmten Zeiten in Erscheinung oder werden neutralisiert. Es ist nicht notwendig für uns, in tiefe Selbstanalyse einzusteigen und durch die Korridore des Unterbewußtseins zu wandeln. *Erfahrungsgemäß befreit positives Handeln und Erfolg durch Erreichen von Zielen das Unterbewußtsein von negativen Programmierungen. Wir werden fähiger und geistig gesünder in dem Maße, in dem wir handeln.* Andere für vergangenes und gegenwärtiges Unheil zu beschuldigen, ist verhängnisvoll. Wenn jemand vergangene schmerzvolle und unangenehme Erinnerungen leicht freilassen kann, umso besser. Ich sage nicht, wir sollen vergessen, ich sage *freilassen*. Vergessen ist Unterdrückung. Was im Gedächtnis unterdrückt wird, muß eines Tages an die Oberfläche kommen und dann bewältigt werden. *Freilassen, wie auch immer, heißt, daß wir uns zwar an vergangene Erfahrungen erinnern, diese jedoch nicht mehr unsere Gefühle belasten. Mit anderen Worten: Solche Erinnerungen enthalten Informationen, die wir nutzen können, die aber keine zwingende Macht auf uns ausüben.*

Wir leben wesentlich in dem Maße, wie wir in harmonischer Beziehung zur Natur bleiben können. Wenn sich giftige Abfälle im Körper speichern, Mißerfolgsmodelle in unserem Bewußtsein dominieren, schmerzliche Erinnerungen bestehen und wir keinen Sinn und Zweck mehr im Leben sehen, beginnen wir, alt und krank zu werden, und bewegen uns auf unseren physischen Tod zu. Wir können unser ganzes Leben lang kraftvoll und schöpferisch sein, wenn wir lernen, mit der Natur zu kooperieren und mit den niemals versagenden Prinzipien des Geistes und Bewußtseins zu wirken.

Befreie Dich von der Vergangenheit durch schöpferische Berichtigung

Der Berichtigungsprozeß ist eine einfache Anwendung schöpferischer Imagination. Wenn Du von Mißerfolg, Verstimmungen und Schuldgefühlen geplagt bist, tue folgendes: Werde ruhig und rufe Dir die Hauptursache des Leides oder der Unannehmlichkeit zurück! Durchlebe erneut in Deiner Vorstellung *mit allen Empfindungen der Realität, wie Du wünschst, daß es gewesen wäre! Tue dies mit lebhaften Vorstellungsbildern und mit starken Gefühlen! Du änderst nicht das Ge* schehen in Raum und Zeit, Du neutralisierst die mit den Erinnerungsbildern verbundenen Emotionen. Wenn die Emotionen von den Erinnerungsbildern weggeräumt sind, ist die zwingende Macht überwunden. Wir sind fähig, den Inhalt unseres Unterbewußtseins ohne gefühlsmäßige Reaktion zu erforschen. Du wirst feststellen, daß Du sofort mehr Energie, größere Macht der Konzentration und wachsende Begeisterung zur Verfügung hast.

Das ist der leichteste Weg, negative und ungewollte Unterbewußtseinseinflüsse zu handhaben. Wir werden nie verstehen, warum uns andere unfair behandelt haben oder warum wir nicht „Schluß machen" konnten, aber wir *können* den Schmerz von der Erinnerung lösen. Wir müssen den Willen zur Klärung haben und bereit sein, durch diesen Prozeß hindurchzugehen, wenn wir erwarten, vom Zwang des Unterbewußten befreit zu werden.

Wir brauchen natürlich nicht die Technik schöpferischer Berichtigung anzuwenden, wenn wir von einer reifen Ebene des Verstehens aus die Tatsache akzeptieren, daß unsere vergangenen Erfahrungen ein Ergebnis unseres Bewußtseinszustandes waren und daß niemand sonst daran schuld war.

Verständnis, Verzeihen und Befreiung können beinahe sofort erfolgen, wenn wir bereit sind, eine verantwortungsbewußte Einstellung anzunehmen.

Wenn erforderlich, können wir durch eine tägliche Übung den Prozeß schöpferischer Berichtigung anwenden. Betrachte am Abend kritisch die Ereignisse des Tages und werde Dir der Fehler, die Du gemacht hast, oder der Ablehnungen und Mißerfolge bewußt! Beschließe, die Fehler nicht zu wiederholen, und, wenn erforderlich, *berichtige* die vorgefallenen Ablehnungen und Mißerfolge! Auf diese Weise können wir durch tägliche Übung unser Denken und Bewußtsein klären und werden nicht länger destruktive und begrenzende Unterbewußtseinsmodelle speichern. Nach der Rückschau des Tages berichtige ebenso in Deiner Vorstellung die Erlebnisse, so wie Du wünschst, daß sie geschehen wären. Dann schlafe die Nacht durch und erwache erfrischt und erneuert.

Achte auf die Geisteshaltung, mit der Du einschläfst, weil wir die sen Zustand in die unterbewußten Ebenen hineintragen. Der Zustand während des Einschlafens dringt dauerhaft ins Bewußtsein, genauso wie er unsere Erfahrungen im Schlaf bestimmt. Es ist gut, wenn Du vor dem Einschlafen ein paar Minuten lang inspirierende Schriften liest oder meditierst. Du nimmst dann nicht die Spannungen des Tages in die Bereiche des Unterbewußtseins mit.

Wir können die Technik der schöpferischen Berichtigung anwenden, um uns von den unerwünschten gedanklich oder gefühlsmäßig bestimmten Eigenschaften zu befreien, die wir vielleicht seit Jahren genährt haben. Oder wir können die Technik der Berichtigung mit der schöpferischen Imagination zusammen anwenden, um uns von begrenzenden Gedanken und Gefühlen befreit zu sehen. Wir können buchstäbdlich immer wieder in jeweils erweitertem Bewußtseinszustand neu geboren werden, wenn wir einmal beschließen, Initiative zu entfalten. Wir erkennen durch Üben, daß die Reise ins Bewußtsein spannender ist als jede Reise, die wir an der Oberfläche der Welt unternehmen.

Erfasse die Vision der Möglichkeiten

Der einzige Weg aus einem Problem ist, in die Lösung hineinzugehen. Der einzige Weg, Träume zu verwirklichen, ist zu lernen, die Vision der Möglichkeiten zu ergreifen, und begeisterungsfähig und überzeugt genug zu werden, wirklich daran zu glauben. Einer der einflußreichsten Lehrer positiver Haltung im Leben ist Norman Vincent Peale. Lassen wir ihn selbst die Geschichte erzählen, die seinem Leben Richtung gab, als er noch ein junger Mann war:

„Vor vielen Jahren in einer Kirche, in der ich Pastor war, erteilte mir ein alter Mann eine Lektion, die ich nie vergessen habe. Er war ein wundervoller Mensch. Er war nie über die dritte Schulklasse hinausgekommen, aber gerade dadurch hatte er Einsichten, die er vielleicht verloren hätte, wenn er eine weitere Ausbildung gehabt hätte. Er hatte einen natürlichen Scharfsinn, die Fähigkeit, Dinge von außen nach innen zu ergründen, von unten nach oben und von der Spitze wieder abwärts.

Er lebte im David-Harum-Land im Staat New York. Er war der personifizierte alte David Harum. Wo immer er seine Hand ausstreckte, sprang Geld in sie hinein. In seiner Berührung lag eine wunderbare Alchemie.

Als ich zu dieser Kirche kam, fand ich heraus, daß sie 55.000 Dollar Schulden hatte. Alle sagten mir, daß kein Geld vorhanden sei, um diese Schuld zu bezahlen. Im übrigen stammte die Schuld aus dem Jahre 1928. Beim Anhören einiger negativer Denker hatte ich den Eindruck, daß sie diese Schuld liebten, daß sie sie um alles in der Welt nicht aufgeben wollten und daß sie ohne sie krank werden würden.

Schließlich hatten wir eine Versammlung, und nach der Diskussion wurde ein erstaunlicher Beschluß gefaßt. Er lautete doch tatsächlich: „Wir sind zwar sicher, daß wir es nicht können, aber wir sollten eine Art Geste zeigen; deshalb haben wir beschlossen, zu versuchen, wohlwissend, daß wir es eigentlich nicht schaffen werden, Geld zu besorgen – nicht die ganze Summe – aber 20.000 Dollar."

Nun, sagten sie mir, Sie sollten lieber zu Bruder Andreas gehen und mit ihm sprechen.'

Ich ging am nächsten Tag zu ihm.

Er lebte draußen auf dem Lande in einem altmodischen Haus an der Hügelseite. Ich klopfte an die Tür, und er öffnete. Er trug seine Brille immer weit unten auf der Nase. Sie war in der Art eines Halbmondes, wie man sie heute nicht mehr sieht.

Ich fragte: „Wie geht es Ihnen, Bruder Andreas?"

Er sagte: „Kommen Sie herein!"

Als wir in dem altmodischen Wohnzimmer waren, sagte ich zu ihm: „Wir hatten eine Vorstandsversammlung gestern abend."

„Ich hörte davon."

„Ich dachte, ich komme hierher, um mit Ihnen darüber zu sprechen."

„Ich dachte mir schon, daß Sie das tun würden", sagte er.

„Was denken Sie?"

Ich sagte: „Nun, wir hoffen, etwas Geld zu bekommen."

„Wieviel wollen Sie beschaffen?"

„20.000 Dollar."

„Hm, so ist das? Nun ja, in Ordnung. Sagen Sie, wieviel wollen Sie?"
„Ich fragte mich gerade, wieviel Sie wohl geben werden?"
„Oh, die Antwort ist sehr einfach. Nicht einen Nickel, nicht einen Cent. Nun, da dies erledigt ist, was möchten Sie noch mit mir besprechen?"
Ich sagte: „Ich vermute, es gibt sonst nichts zu besprechen."
Er schaute mich eine Minute lang an, dann sagte er: „Ich gebe Ihnen kein Geld, aber ich sage Ihnen, was ich tun werde. Ich werde mit Ihnen beten."
Das erfüllte mich nicht gerade mit feuriger Begeisterung. Mir war nicht nach Beten zumute, denn es ging um kaltes, hartes Geld. Weiterhin dachte ich, daß Gebete mich nicht irgendwohin bringen würden, wo Geld zu beschaffen sei. Ich war belehrt worden, nicht für materielle Dinge zu beten. Aber ich stimmte zu.
„Knien Sie nieder", sagte Bruder Andreas. Ich sage Ihnen, seine Teppiche waren dünn. Aber dieser alte Mann kannte offenbar Gott sehr gut, weil er zu ihm in seiner offenen und einfachen Weise sprach. Das war sein Gebet: „Herr, hier sind wir. Wir haben etwas Geld zu beschaffen. Dieser junge Priester ist ein netter Mensch, aber, Herr, er weiß nicht viel. Er ist der größte Nichtswoller, den ich je in meinem Leben gesehen habe. Warum, Herr, weiß er nicht über Geschäfte oder wie man etwas Großes vollbringt? Er hat wenig Vertrauen. Er glaubt nicht an sich selbst oder an sein Amt. Wenn er lediglich versucht, 20.000 Dollar zu bekommen, will ich ihm nicht einen Nikkel geben. Aber wenn er glaubt, daß er die ganzen 55.000 Dollar bekommen kann, will ich ihm 5.000 Dollar geben. Amen.".
Wir erhoben uns von den Knien, und ich war sehr erregt. Ich sagte zu Bruder Andreas: „Woher werden wir den Rest des Geldes bekommen?" Er sagte: „Woher Sie gerade die ersten 5.000 Dollar bekommen haben. Sie haben darum gebetet und sie erhalten, nicht wahr? Nun wollen Sie wissen, woher wir den Rest bekommen?"
„Ja", sagte ich ziemlich verwirrt.
Er sagte: „Knien Sie noch einmal nieder!"
Er brachte mich noch einmal auf die Knie. Dann legten wir eine einfache, weiße Karte auf den Tisch. „Herr,", sprach er, „wir möchten wissen, woher wir den Rest des Geldes bekommen. Gib mir einen

Namen, oh Herr!"

Es herrschte Schweigen. Dann sagte er: „Ich hab's! Ich vermute, er wußte es die ganze Zeit über, aber er schenkte dem Herrn Glauben, und schließlich war es Gott, der durch ihn wirkte.

Er sagte: „Ich werde den Namen des Dr. Soundso aufschreiben. Er wird Ihnen sagen, daß er kein Geld habe, aber ich bin im Finanzkomitee der Bank und ich weiß genau, wieviel er hat. Es steht in der Bibel, daß sogar der Samen eines Senfkorns aufgeht, wenn man Vertrauen hat. Nichts ist unmöglich für Sie, und ich habe Vertrauen, er ist wohl für 5.000 Dollar gut. Amen."

Er stand auf und sagte zu mir:„Nun gehen Sie in die Stadt und holen Sie das Geld!"

Ich hatte kein Vertrauen in die ganze Sache, aber ich fuhr in die Stadt. Als ich zu dem Gebäude kam, in dem Dr. Soundso sein Büro hatte, fuhr ich um es herum, betend, daß ich keinen Platz zum Parken finden möge, ich fand aber sofort einen Platz.

„Nun", sagte ich zu dem Doktor, „wir wollen Geld beschaffen."

„Ich hörte davon und vermute, Sie möchten auch etwas von mir."

„So ist es."

„Und wieviel soll ich Ihnen Ihrer Meinung nach geben?" Ich sah ihn an und sagte zu mir: „Ich frage mich, ob er gut für 500 Dollar ist. Vielleicht könnte ich ihn um 1.000 Dollar bitten." Dann erinnerte ich mich an Bruder Andreas' Gesicht voll Vertrauen. Ich holte tief Luft und sagte: „Dr. Soundso, ich gebe Ihnen das Vorrecht, uns 5.000 Dollar zu geben."

Er sagte: „5.000 Dollar! Das ist eine ungeheure Summe!"

Ich sagte: „Sicher, das ist es."

Nun ja, er murmelte eine Minute lang etwas in seinen Bart, dann sagte er: „Ich denke zwar, daß es voreilig von mir ist, aber etwas kommt über mich, während ich hier stehe. Ich werde Ihnen die 5.000 Dollar geben."

Ich sagte nicht einmal „Auf Wiedersehen" zu ihm. Ich sprang in mein Auto, fuhr zurück zu Bruder Andreas' Haus, ging schreiend zu seiner Tür und platzte heraus: ‚Er tat es, er tat es!' ‚Wieso, sicher tat er es', sagte Bruder Andreas. Ich starrte ihn an: ‚Woher wissen Sie es?' Er sagte: ‚Hören Sie zu, mein Sohn. Ich saß hier die ganze Zeit, während Sie zur Stadt fuhren und nicht glaubten, daß er es tun würde. Ich sandte daher den Gedanken, der den ganzen Weg dorthin über Ihnen schwebte, *daß er es tun würde*, und mein Gedanke traf ihn zwischen die Augen.'

Ich sagte: ‚Ich weiß, ich sah, wie es ihn traf.' Er sagte: ‚Es drang in sein Gehirn und änderte sein Denken.' Dann stieß mich Bruder Andreas zurück gegen die Wand und hielt mich mit einer Hand an jeder Schulter. ‚Hören Sie, Sohn', sagte er, ‚es interessiert mich nicht, ob Sie das Geld für die Schulden bekommen. Eine kleine, alte Schuld ist gut für die Kirche. Ich investiere die 5.000 Dollar in Sie, um zu versuchen, einen Mann des Vertrauens aus Ihnen zu machen. Vor einiger Zeit entdeckte ich ein Mittel gegen Mißerfolge, und das ist es: Sie werden niemals über etwas siegen, es sei denn, Sie akzeptieren in Gedanken die Vorstellung, daß Sie siegen. Das mag mich 5.000 Dollar gekostet haben, aber bei Gott, wenn ich die Idee in Ihren Kopf bekommen habe, ist es das wert!"

Das war eine persönliche Erfahrung Dr. Peales, und sie demonstriert den Einfluß von Vertrauen und Vorstellung. Wir schlagen natürlich nicht vor, diese Fähigkeiten für bestimmte Geschehnisse anzuwenden. Aber es besteht kein Zweifel, daß die Prinzipien funktionieren, wenn sie mit Verständnis angewendet werden.

Bejahung – ein anderes nützliches Hilfsmittel

Die Anwendung der Bejahung im Denken und Sprechen ist Tausenden von zielgerichteten Männern und Frauen bekannt. Es ist deshalb gut, den richtigen Weg der Anwendung zu kennen. Wir haben die Wichtigkeit positiven Denkens und Sprechens schon diskutiert. Eine Bejahung ist die Folge der sinnvollen Bemühung, Gedanken, Worte und Gefühle in Übereinstimmung zu bringen, um bestimmte Ergebnisse zu erzielen.

Die Methode, die wir anwenden, dient dem Zweck, Gedanken zu ändern und Einstellungen zu berichtigen, weil die gedankliche Verfassung und gefestigte Einstellung unseren Bewußtseinszustand be stimmen. Und aus unserem Bewußtsein fließt unsere Lebenserfahrung.

Eine richtig angewandte Bejahung ist kein Drill, um Gedanken zu bestimmen, sondern eine Technik, die uns bewußte Kontrolle über Gedanken und Einstellungen gibt. Wir wählen eine Formulierung, die unser Ideal beinhaltet. Nochmals: *Wir arbeiten von der Erfüllung des idealen Zustandes her.* Wenn wir unsere Gedanken, Worte und Gefühle in Übereinstimmung bringen, werden wir magnetisch, und die Macht unserer Konzentration sammelt sich um ein bestimmtes Ziel. Zum Beispiel können wir folgende Bejahung anwenden, um Gesundheit und lebendiges Handeln zu realisieren: „Ich bin jetzt im Vollbesitz meiner natürlichen Kräfte. Ich bin strahlend, lebensvoll und in allen Bereichen voll funktionstüchtig. Denken, Fühlen und physischer Körper wirken in jeder Weise richtig und harmonisch zusammen."

Für Wohlergehen: „Ich diene dem Leben mit meiner ungeteilten Leistungsfähigkeit. Deshalb erfüllt sich das Bewußtsein in meinem persönlichen Leben in Form von Dingen, Umständen und Mitmenschen, die ich zum unbegrenzten Ausdruck brauche. Ich weiß, daß Geld nicht das einzige Symbol für Wohlergehen ist. Erfolgreich zu sein heißt, im freien Fluß der nötigen Dinge, richtigen Umstände und kooperativer Mitmenschen zu sein."

Für persönliches Erwachen und Entfaltung: „Mein wirkliches Wesen ist reines Bewußtsein. Ich bin Betrachter so gut wie Teilhaber des Lebensprozesses. Ich kontrolliere und lenke meine Gedanken, Einstellungen und Bewußtseinszustände zu jeder Zeit. Ich wirke in Harmonie mit der überragenden Intelligenz, die den Kosmos lenkt und kontrolliert."

Diese Übungen sind nur als Empfehlungen gedacht. Jeder kann sich eine eigene Bejahung zusammenstellen und mit Gefühl und innerlicher Verwirklichung anwenden. Das Geheimnis des Erfolges in der Anwendung der Bejahung ist: *Verweile im Geiste der Bejahung und erkenne die darin enthaltene Wahrheit als Folge der erwachten Intuition und Unterscheidungsfähigkeit.*

Bejahung kann als mentaler Drill angewandt werden, um das Unterbewußtsein neu zu programmieren und die Gedanken zu be schwichtigen. Man hat jedoch den größeren Gewinn, wenn man das *Wesentliche* der Bejahung überdenkt und dann zu der Erkenntnis gelangt, daß es wahr ist. Manchmal gibt es Konflikte zwischen den bewußten und unterbewußten Gemütsebenen, wenn man etwa Bejahung mit positiver Absicht anwendet und dann herausfindet, daß unterbewußte Programmierungen so fest eingewurzelt sind, daß sie nicht einfach neutralisiert werden können. In diesem Fall wenden wir die *Überzeugungskraft* an. Das Unterbewußtsein mag sich direkten Befehlen widersetzen, aber wir werden gleichbleibenden Erfolg haben, wenn wir ihm gut zureden, sich zum Besseren zu wandeln. Konzepte sind oft so tief verwurzelt, weil sie *für uns Überlebenswert* haben. Wir finden sie brauchbar, obwohl sie uns einschränken. Wir können zum Beispiel auch dann teilweise innere Ruhe haben, wenn wir an eine unvernünftige Lebensphilosophie glauben. Unvernünftige Vorstellungen, die für innere Ruhe gehalten werden, überleben deshalb und bringen einen gewissen Grad an Zufriedenheit. Natürlich ist das der Bewußtseinszustand „segensreicher Dummheit". Eine überzeugende Bejahung der Gesundheit kann etwa lauten: „Ich erkenne in fortschreitendem Maße und entlasse Verhaltensmuster und Konzepte, die dem Ausdruck vollkommener physischer Gesundheit im Wege stehen. Ich akzeptiere neue Einstellungen und Realisierungstendenzen, die als vollkommene Gesundheit auf allen Ebenen erscheinen." Wir müssen die Wandlung zum Besseren *ermutigen*, anstatt sie zu fordern.

Wenn eine Gruppe gemeinsam Bejahungen übt, kann das den Einzelnen inspirieren und motivieren. Die „Hurra"-Begeisterung der Bejahung kann zwar Gefühle aufrühren, aber die Ergebnisse werden nicht so dauerhaft sein, *als wenn Bejahung voll bewußt angewandt wird, um die Verwirklichung voranzubringen, und um eine beständige Anpassung zur gedanklichen Einstellung zustande zu bringen.*

Verstärke das Gefühl der Vollkommenheit

Nur wenn man stark motiviert ist und tiefe innere Überzeugung besitzt, wird sich Fortschritt in Form von Gedankenkraft und gefestigter Gefühle zeigen. Wenn wir für die aufgewendeten Bemühungen belohnt werden, neigen wir dazu, begeisterter zu sein und der Zukunft vertrauensvoll entgegenzusehen. Deshalb sind Nahziele nötig, weil die Ergebnisse beinahe sofort kommen. Dies wird zu einem Erfolgsmodell im denkenden und fühlenden Gemüt und Bewußtsein und bereitet so größere Erfolge vor. Außerdem neutralisieren positive Gefühle als Ergebnis der Vollendung jeden unterbewußten Mißerfolgseindruck. Wir werden gesünder, glücklicher und frohgemuter, wenn wir die Spiele, Ziele zu setzen und zu erreichen, gewinnen. Wir werden mutlos und verwirrt, wenn wir scheitern. Wir verlieren Zuversicht, wenn die Zukunft düster erscheint. Und wenn die Hoffnung verloren geht, ist alles verloren, bis die Hoffnung wiederhergestellt werden kann.

Wie dunkel die Nacht oder wie tief die Hoffnungslosigkeit auch sein mag: durch Selbstvertrauen, Einklang mit der universalen Macht und richtige Anwendung schöpferischer Imagination kann jedermann aus dem Innern seines Bewußtseins das wahre Licht und den Glanz der Seele befreien und sich entfalten sehen.

Merke:

1. Richtig geübte schöpferische Imagination kann Umstände ändern und von der Vergangenheit befreien.
2. Lerne die unterbewußten Eindrücke zu handhaben.
3. Wende die schöpferische Berichtigung vernünftig an.
4. Sei ein ,,Möglichkeiten"-Denker.
5. Nutze die Bejahung richtig, um den Bewußtseinszustand verändern zu können.
6. Verliere niemals die Hoffnung.

Praktische Anwendung

1. Lies das Kapitel nochmals durch und gewinne Einsicht. Verstehe besonders die drei Arten der unterbewußten Eindrücke! Während Du darüber nachdenkst, könntest Du vielleicht eine Wiederbelebung von verdrängten Eindrücken mit dem damit verbundenen Trauma erleben. Bleibe objektiv und behandle, was immer hochkommt, mit relativ innerer Ruhe! Der Schmerz, der mit den vergangenen Ablehnungen und Mißerfolgen verknüpft ist, blockiert unser Bewußtsein und reduziert den im Körper verfügbaren Energiestrom. Befreiung vom Trauma führt zur Steigerung des Bewußtseins und zur Vermehrung der Energie, die schöpferisch genutzt werden kann. Wenn Du dazu neigst, in Erinnerungen zu versinken, und wenn Schmerzen solche Erinnerungen begleiten, dann bringe Deine Aufmerksamkeit ins gegenwärtige Bewußtsein. Das bedeutet, daß Du, anstatt „in der Vergangenheit" zu leben, Deine Aufmerksamkeit ins *Hier und Jetzt* verlagerst. Tritt in Verbindung mit Deiner augenblicklichen Umgebung; berühre etwas, sieh etwas an, fühle es, betrachte es näher. Berühre einen anderen Menschen, fühle seine Wirklichkeit, sprich über die Gegenwart. Dieser einfache Vorgang wird Dich von der Vergangenheit in die Gegenwart bringen. Ebenso bringt er Dich weg von der „Zukunft", wenn Du von der Zukunft geträumt und Dich dort festgefahren hast. Wenn wir die Technik der schöpferischen Vorstellung üben, brauchen wir uns nicht mit dem Hineinbewegen in zukünftige Zeiten zu beschäftigen, weil wir immer *hier* verweilen und die Zukunft ins *Hier und Jetzt* bringen. Wir leben im *Hier und Jetzt*, deshalb gibt es keine Möglichkeit, „außerhalb" zu sein oder in einem Gedanken-Nebel herumzulaufen.

2. Sei ein *Möglichkeiten–Denker*, prüfe ständig die Möglichkeiten, die vor Dir liegen, und wähle diejenigen, die am sinnvollsten erscheinen! Dies wird manchmal „Brainstorming" genannt, weil wir uns dabei erlauben, unsere Denkprozesse über die üblichen Grenzen hinaus zu erweitern.

3. Verstehe die Anwendung der Bejahung richtig. Wenn Du die Bejahung anwendest, wende sie richtig an! Murmele keine verwirrten Beschwörungen und versuche keine Autosuggestion! Alle Methoden, die hier beschrieben sind, dienen nur dem einen Zweck, Bewußtsein zu erwecken, statt das Denken in einen bestimmten Zustand zu bringen. Spiele nicht herum und bilde Dir nicht ein, mit Zauberei oder schwarzer Magie beschäftigt zu sein! Selbstverständlich ist alles, was wir überhaupt in Bewegung setzen, um ein besonderes Ergebnis zu erzielen, eine Art magische Handlung, aber wir sollten keine Ausdrücke benützen, die einen falschen Eindruck von dem geben, was wir tun.

4. Schaffe Dir eine Umgebung, die Deine Gefühle in bezug auf den gewünschten Lebensstil unterstützt. Wenn Du Gedanken über Wohlergehen hegst, dann lebe in einer entsprechend sauberen, harmonisch eingerichteten Umgebung und trage bequeme, gutsitzende Kleidung. Geschmack ist wichtiger als eine Menge Geld, deshalb mache nicht Mangel zu einer Entschuldigung für ein undiszipliniertes und unangepaßtes Leben.

NOTIZEN

Unterscheide deshalb Zustände des Einzelnen von Zuständen als solche. Zustände verändern sich, aber die Identität von Einzelpersonen ändern sich niemals und hört nie auf....

William Blake

V

Im Schoß der Macht ruhen

Der Schoß der Macht, der Kreativität und der Intelligenz ist reines Bewußtsein. Alles tritt aus dem reinen Zustand des Bewußtseins hervor. Demgemäß ist Bewußtsein die Ursache jeder äußeren Manifestation. Wenn ein Mensch lernen kann, bewußt im Schoß der Macht, der Kreativität und der Intelligenz zu ruhen, kann er sich mit einem praktisch unbegrenzten Potential an Verständnis und Geschicklichkeit in den Bereich des Handelns bewegen. Der Vorgang, in dem ein Mensch das tut, ist als Meditation bekannt.

Wenn ich von Meditation spreche, dann meine ich nicht einen mysteriösen und komplizierten Vorgang, noch deute ich das an. Die Praxis dieser Methode, die hier erklärt wird, will keinesfalls den religiösen Glauben oder philosophische Ansichten stören. Wir sind lediglich bemüht, uns selbst an die wahre innere Quelle zu bringen, aus der heraus sich alles in die Erscheinung ergießt.

Während unserer Meditationsübung, die nur ein paar Minuten jeden Tag benötigt, sind wir nicht aktiv mit Projekten, Zielen, persönlicher Vervollkommnung oder mit irgendwelchen dramatischen Geschehnissen beschäftigt.

Nachdem wir meditieren gelernt haben, werden wir herausfinden, daß Projekte leichter realisiert und Ziele leichter erreicht werden, persönliche Vervollkommnung wird bemerkt und einige ungewöhnliche und willkommene Geschehnisse ereignen sich; nicht während der Meditation, sondern danach, aufgrund unseres wachsenden Bewußtseins und unserer verbesserten Funktionsfähigkeit.

Die Meditation ist, wenn sie richtig praktiziert wird, kein unbewußter Zustand. Sie unterscheidet sich von dem aktiven Vorgang der schöpferischen Imagination. Wenn jemand die Technik schöpferischer Imagination anzuwenden wünscht, dann sollte er diese nach der Meditation anwenden, weil danach das Denken klarer und die Macht der Konzentration größer ist.

Mit größtem Gewinn meditiert man wie folgt: Nimm Dir zweimal am Tag eine bestimmte Zeit und ziehe Dich an einen ruhigen Platz zurück, an dem Du nicht gestört wirst. Das kann irgendein Raum zuhause oder ein freier Raum an Deinem Arbeitsplatz sein. Setze Dich gerade in eine entspannte Haltung und lege die Hände auf Deine Oberschenkel. Schließe die Augen und werde Dir der inneren Vorgänge in Deinem Körper bewußt. Ziehe Deine Aufmerksamkeit von den Füßen, Beinen und Armen zurück. Bringe die *Aufmerksamkeit* und das *Gefühl* zur Wirbelsäule. Suggeriere nichts und strenge Dich nicht an. Geh nur einfach nach innen, leicht und natürlich. Ziehe Deine Aufmerksamkeit von den Sinnen zurück, so daß Du Dich nicht länger Deiner unmittelbaren Umgebung bewußt bist. Es stört nicht, weiterhin Geräusche aus einer Distanz zu hören, solange der größere Teil der Aufmerksamkeit nach innen gerichtet ist. Dann hebe die *Aufmerksamkeit* und das *Gefühl* durch die Wirbelsäule hinauf zum Mittelhirn. Mache Dir keine Vorstellung, strenge Dich nicht an. Laß die Aufmerksamkeit nach innen fließen. *Höre und blicke nach innen und sei wach.* Wenn Du einen inneren Laut hörst, vielleicht einen Ton, richte Deine Aufmerksamkeit darauf. Analysiere nicht, mache Dir keine Vorstellung und verspanne Dich nicht. Gib Dich dem Ton hin. Ist kein Ton zu hören, dann *höre und sehe nur in Dich hinein und sei wach.* Ruhe in diesem entspannten, wachen Zustand für einige Minuten. Forciere nichts.

Durch Üben wirst Du fähig, in ein klares und gelassenes Bewußtseinsstadium einzutreten. Du wirst Gedanken, Vorstellungsbilder und Gefühle überschreiten. Du wirst bewußt sein und in Frieden mit Dir selbst. Das ist kein Trancezustand, Du wirst klar und in vollem Besitz Deiner angeborenen Fähigkeiten sein. Mache keinen Fehler während der Meditation, indem Du versuchst, Lösungen von Problemen „zu sehen" oder zu erhalten. *Meditation dient allein, uns zu helfen, im Schoß der Macht, Kreativität und Intelligenz zu ruhen.*

Nach der Meditation, wenn wir beginnen, die Aufmerksamkeit durch die Sinne wieder nach außen fließen zu lassen, können wir das klare Bewußtsein beibehalten und so von einem objektiveren und fähigeren Standpunkt aus handeln. Komme leicht aus der Meditation und fühle die hochfrequente Energie durch das Gehirn und durch das Nervensystem in den Körper fließen. Fühle, daß alle Organe, Kreislauf, Lymphgefäße und Drüsen richtig funktionieren. Setze einfach voraus, daß es so ist. Fühle Dich in Frieden und Harmonie mit Deiner Umgebung.

Jetzt ist die Zeit, falls Du Dich dazu aufgelegt fühlst, schöpferische Imagination anzuwenden zu dem positiven Zweck, für den Du Dich vorher schon entschieden hast. Viele empfinden allerdings, daß das zu diesem Zeitpunkt gar nicht nötig ist, weil sie nach der Meditation so bewußt sind, daß sie fühlen, intuitiv und spontan zur richtigen Zeit das Richtige zu tun und daß alle Beziehungen in vollkommener Harmonie sind. Ziele zu setzen, Probleme zu lösen und Entscheidungen zu treffen, ist nach der Meditation am besten möglich. Einer der Gründe dafür ist: Wir sind in Gedanken und Gefühlen unbelastet und können so vernünftigere Entscheidungen treffen.

Es gibt noch andere Vorteile, die wir durch regelmäßige und richtige Meditationspraxis erlangen. Spannungen sind die Hauptfeinde eines Menschen in der Industriegesellschaft. Meditation führt zu tiefer Entspannung und beseitigt Spannungen. Das Ergebnis ist ein besseres Funktionieren auf der mentalen, emotionalen und physischen Ebene, wodurch sogar manche psychosomatische Erkrankungen beseitigt werden können. Durch Selbsterkenntnis aufgrund der Meditation werden wir ehrlicher mit uns selbst und realistischer in unseren Beziehungen. Wir können uns auf das wesentliche konzentrieren und nutzen Zeit und Energie klüger.

Gewöhnlich berichten Meditierende von wachsender Konzentrationsfähigkeit, besserem Gedächtnis, größerer Energie und optimistischerer Einstellung zum Leben. Infolge größerer Selbstgenügsamkeit neigt der Mensch nicht mehr so sehr zu Drogen, Alkohol, Überernährung oder neurotischen gesellschaftlichen Spielen. Es ist wichtig, regelmäßig zu meditieren. Zehn bis fünfzehn Minuten zweimal täglich ist eine sinnvolle Planung für den Durchschnittsmenschen. Diese Regelmäßigkeit hält den Menschen im reinen Bewußtsein verankert und hilft ihm, eine ausgeglichene Einstellung zu bewahren. Verbesserte Funktion und Leistung sind die Zeichen des Erfolgs der Meditationspraxis. Sei zu Zeiten größerer Herausforderungen wachsam und hüte Dich davor, die Meditation als eine Gelegenheit zu benützen, Verantwor tungen auszuweichen. Vertiefung in okkulte Dinge ist eine Ablenkung von persönlicher Verantwortung zum Handeln in dieser Welt. Bei unserem Bemühen zu lernen, wie wir aus unserem wahren Zentrum, dem Bewußtsein, schöpferisch handeln, ist es tatsächlich ein praktischer Lernprozeß, wirkungsvoll zu meditieren.

Merke:

1. Der Schoß der Macht, Kreativität und Intelligenz ist reines Bewußtsein.
2. Setze für Deine tägliche Meditation eine Zeit fest.
3. Wende Dich ganz natürlich der inneren Quelle zu, ruhe dort und lasse dann die Aufmerksamkeit über die Sinne nach außen fließen.
4. Wende Dich nach der Meditation wieder vernunftgemäß Deiner Umgebung zu.

Praktische Anwendung

1. Da dieses Buch der breiten Öffentlichkeit gewidmet ist und primär der Ermutigung des Lesers dienen soll, mit den eigenen Zielsetzungen und den Mitmenschen besser zurechtzukommen, ist dieses Kapitel über Meditation absichtlich kurz gehalten worden. Für diejenigen, deren Hauptwunsch es ist, effektiver im Geschäftsleben zu fungieren, wird die hier angeratene Meditation von großem Nutzen sein. Für Leser, die den Meditationsprozeß tiefergehender studieren möchten, empfehlen wir das Buch „Einführung in die Meditation". Dieses Buch ist durch den Buchhandel erhältlich oder vom Verlag CSA, Rhönstraße 3, D 6382 Friedrichsdorf 3.

2. Meditation ist weder schwierig noch gefährlich. Alles, was man zu tun hat, ist, mehrere Wochen wie empfohlen zu meditieren. Das positive Ergebnis wird nicht ausbleiben. Warte nicht während der Meditation auf Phänomene wie psychische Entrückung (ähnlich wie Trance etc.), sondern verweile im *Hier und Jetzt* und beobachte, wie Gedanken ruhiger werden und sich das Gefühlsleben klärt. Verweile lediglich in der Erfahrung: „Ich bin der bewußte Zeuge." Objektiv zu sein, gibt uns größte Kontrolle über Gedankenabläufe, Gefühle und Umweltbeziehungen, weil wir lernen, weise zu handeln und nicht mehr aus emotionalem Bedürfnis.

„Wenn darum jemand in Weisheit eifrig tätig wird, bedarf er keiner Lampe; der Hirte wird nicht fehlgehen, und die Quelle wird nicht versiegen."

Verfasser unbekannt

„Du siehst, Leben ist intelligent. Leben ist allmächtig. Und Leben sucht überall und immer sich auszudrücken. Mehr noch: es ist niemals befriedigt. Es sucht unaufhörlich größeren und volleren Ausdruck. In dem Moment, in dem ein Baum zu wachsen aufhört, in diesem Moment beginnt das Leben woanders damit, sich besser auszudrücken. Von dem Moment an, da Du aufhörst, mehr und mehr Leben auszudrücken, von diesem Moment an beginnt das Leben, sich nach anderem und besserem Durchlaß umzusehen."

Das Gesetz höherer Fähigkeit

Robert Collier

VI

Schöpfe aus der unversiegbaren Quelle

Hast Du schon einmal während einer Entspannung oder bei einer Routine-Arbeit, die keine bewußte Aufmerksamkeit verlangte, bemerkt, daß dabei Ideen und schöpferische Projekte in Deinem Denken Form angenommen haben? Diese Ideen steigen aus der Tiefe unbewußter Gemütsbereiche herauf aufgrund unseres Dranges, uns in neuen und oft neuartigen Wegen auszudrücken.

Der unterbewußte Gemütsbereich beinhaltet Milliarden von Datenteilchen, die seit Jahren zusammengetragen wurden. Der natürliche Schöpfungsprozeß setzt sie zusammen, und wir sind dann fähig, fertige Pläne und Modelle in die äußere Welt zu projizieren. So unbegrenzt wie der Vorrat an Daten im Unterbewußten auch scheinen mag, es gibt doch eine Grenze, weil nämlich die gesammelten Informationen auf dieser Ebene auf das beschränkt sind, was wir früher akzeptiert und aufbewahrt haben. Aber es gibt eine unbegrenzte Quelle von Informationen und Macht. Diese Quelle ist der unversiegbare Geist. Wir sind im Einklang mit dem universalen Gemüt durch den unterbewußten Bereich unseres Gemüts, weil das menschliche Gemüt eine Individualisierung des universalen Gemüts ist. Welche Daten auch immer im universalen Gemüt gespeichert sein mögen, sie sind für uns verfügbar. Und mehr als das: *Die Evolutionsenergie des Universums ist für uns verfügbar, wenn wir lernen, uns diesem Strom zu öffnen.*

Der erste Schritt in diesem Prozeß

Der erste Schritt ist, sich bereitwillig diesem Strom schöpferischer Ideen zu öffnen und vorauszusetzen, daß die innere Führung in einer praktischen und realistischen Weise kommen kann. Der Prozeß wirkt am besten, wenn wir entspannt und frei von Anstrengung sind. Bewußte gedankliche Anspannung und Gefühlserregung stören den natürlichen Strom der Ideen. Deshalb kommen die nützlichsten schöpferischen Ideen in Randmomenten, wenn wir entspannt sind, und nicht, wenn wir auf dem Sprung sind und krampfhaft versuchen, den Prozeß zu beschleunigen.

Zur inneren Führung: Laß uns voraussetzen, daß Du eine innere Führung brauchst, um einen größeren Schritt zu tun oder um ein Problem zu lösen. Entspanne Dich und befasse Dich mit dem Problem. Das bedeutet: Erkenne und akzeptiere die Tatsache, daß Du Inspiration, Information und vielleicht sogar tiefe Einsichten benötigst. Sammle alle bekannten Faktoren vor Deinem geistigen Auge und *setze voraus*, daß die innere Führung einsetzt. Dann verweile entweder ruhig in einer wartenden Haltung oder beschäftige Dich mit einer Routine-Arbeit. Vielleicht wechselst Du die Umgebung, um das bewußte Denken über das Problem abzulenken. Sprenge den Rasen, gehe spazieren, sieh fern, gehe aus zum Essen, lese ein interessantes Buch zur Entspannung oder Ablenkung. Nach kurzer Zeit werden Ideen auftauchen sowie mögliche Lösungen und Einsichten an die Oberfläche Deines Bewußtseins sprudeln. Du kannst dann die logischsten unter allen auswählen oder die eine, von der Du *spürst*, daß es die richtige ist.

Für die Tagesplanung: Am Abend vorher meditiere eine Weile, und danach, während Du in einer entspannten Meditationsstimmung bist, richte Deine Aufmerksamkeit auf den nächsten Tag. Überdenke Deine Vorhaben, Deinen Zeitplan und lasse alles vor Deinem inneren Blick Form annehmen. Neue Ideen werden kommen, die Du schnell notieren solltest, solange Du sie klar vor Augen hast. Am nächsten Morgen prüfe Deinen Terminkalender und beginne mit Begeisterung und Konzentration in vollem mentalen, emotionalen und physischen Gleichgewicht.

Du fragst Dich vielleicht: „Wie kann man den Unterschied zwischen intuitiver Führung und Wunschdenken erkennen?" Durch Übung bekommen wir ein Gefühl der *Richtigkeit,* wenn ein intuitiver Gedanke kommt. *Wenn im Zweifelsfall beim Ausprobieren durch sofortige Anwendung alles zu gewinnen und nichts zu verlieren ist,* dann handle nach dem inneren Drang und sieh, was geschieht. Mit fortschreitender Praxis wirst Du intuitive Führung erkennen und Wunschdenken ignorieren.

Wenn wir ausgeglichen sind, sind wir spontan und entscheidungsfreudig. Unsere zeitliche Abstimmung ist perfekt. Offenbar tun wir das Richtige zur richtigen Zeit, sagen die richtigen Worte und wirken in Harmonie mit allem, was um uns herum geschieht. Wenn der Gedanke kommt, einen Freund oder Kollegen anzurufen ohne besonderen Grund, rufe ihn einfach an auch *ohne besonderen Grund*. Versuche nicht, etwas besonderes daraus zu machen, rufe ihn nur einfach an und sage „Hallo". Es kann wichtig sind, daß Du anrufst, oder es haben sich eben Eure Gedanken in der mentalen Sphäre gekreuzt. Wie auch immer, Kommunikation lohnt sich stets.

Bleibe offen und in Kontakt

Wasser kann nicht durch eine verstopfte Leitung fließen. Lebenskraft kann nicht durch einen blockierten oder schwer beschädigten Nerv fließen. Gedanken können nicht durch ein verwirrtes Gemüt strömen. Schöpferische Intelligenz kann nicht in einem benebelten menschlichen Bewußtsein wirksam werden. Menschliche Beziehungen können nicht ohne wechselseitige Kontakte gedeihen. *Um erfolgreich zu sein und bei bester Gesundheit zu bleiben, müssen wir für die Innen- und Außenwelt gleichermaßen offen sein.* Sind wir offen und die Kanäle der Kommunikation rein, kann sich das Leben durch uns selbst erfüllen.

Meditation, Selbstanalyse und die Anwendung schöpferischer Imagination hält uns in freier Kommunikation mit den inneren Bereichen. Die Bereitschaft, sich dem Leben zu stellen und für vernünftige Ziele zu arbeiten sowie eine überlegene Einstellung und zwischenmenschliche Beziehungen sichern die Kommunikation mit der äußeren Welt.

Mitunter vermindert Arbeitsüberlastung die Energie, das Interesse und die Bereitschaft, sich dem Leben zu stellen. Wenn dem so ist, bedeutet das gewöhnlich, daß unsere Kommunikation teilweise gehemmt ist: Entweder durch unkorrekte Informationen, durch mangelnde Planung (und Durchhaltevermögen), durch Frustation (wiederum verursacht durch unvollendete Vorhaben) oder durch die Sor ge, ob sich unsere Ziele lohnen oder nicht.

Dann müssen wir die Situation neu überdenken und unser Handeln korrigieren, bevor wir in Apathie versinken und insgesamt die Hoffnung verlieren. Der erste Schritt ist, alles ein bißchen aufzulockern und die Lage von einem objektiven Standpunkt aus zu überprüfen:

1*Daten oder Informationen, die wir zur Hand haben.* Um klug zu handeln, brauchen wir Fakten über die jeweilige Situation. Wir müssen fähig sein, klar zu denken und vernunftgemäß zu planen. Wenn die Fakten in bezug auf das Vorhaben nicht ausreichen, erwirb Dir weitere. Wenn etwas nicht klar ist, bemühe Dich um Klärung.

2.*Plane weise und gut.* Wenn die Fakten in bezug auf Dein Vorhaben in Ordnung sind, dann prüfe Deine Pläne. Sind sie logisch? Hast Du den Schöpfungsprozeß richtig angewendet, arbeitest Du vom *Ziel* des Vorhabens her? Sind die Leute, die in die Pläne mit einbezogen sind, die richtigen für die Rolle, die sie spielen sollen? Ist das Vorhaben lohnend und sinnvoll? Hast Du Deinen Teil dazu beigetragen? Läßt Du die Dinge sich entfalten oder schiebst Du und manipulierst Du sie?

3. *Frustration.* Wenn ein Vorhaben zur Realisierung mehr Zeit braucht als vorher erwartet, werden wir manchmal ungeduldig und frustriert. Nochmals: Blick zurück und sei objektiv! Vielleicht wurde das Vorhaben zu hastig begonnen? Vielleicht müssen einige Faktoren umgeändert werden? Wenn einmal der Prozeß ins Rollen gekommen und der Ablauf ziemlich automatisch geworden ist, dann solltest Du vielleicht an neue Vorhaben denken, während sich die gegenwärtigen zu bestimmter Zeit von selbst erfüllen. Es kann auch sein, daß Du einen vorübergehenden Tiefpunkt hast wegen irgendwelcher unbedeutender Widerstände, physischer Gesundheitsstörungen, schlechter Ernährung oder üblicher Energieschwankungen, die wir alle durchmachen. Sogar gesund und richtig ernährt, erleben Männer wie Frauen Höhen und Tiefen im regulären Lebensrhythmus. Das ist ein angeborener, individueller biologischer Rhythmus bei allen Lebewesen. Deshalb bist weder Du noch Deine Projekte verkehrt, Du brauchst lediglich die Stimmungen vorübergehen zu lassen. Frustration kann auch ein Zeichen dafür sein, daß Du durch Informationen,

Ungeduld oder zuviele gleichzeitige Anforderungen verwirrt bist. In diesem Falle gehen wir ein paar Minuten oder nötigenfalls auch Stunden weg, um uns zu sammeln und objektiv zu werden. Stehen wir wieder über der Situation, können wir die Dinge richtig handhaben. Manchmal ist ein völliger Wechsel der Umgebung nützlich: Fahre weg, gehe mit Freunden oder der Familie aus, spiele eine Runde Golf oder gehe allein spazieren. Wenn Du allein spazieren gehst, lasse Deinen Gedanken freien Lauf, entspanne die Muskeln und *beobachte die Umgebung!* Das bringt Dich zur Harmonie zurück und hilft, Gedanken und Gefühle in eine ausgeglichenere Perspektive zu bringen.

4. *Der Wert unserer Ziele.* Manchmal hegen wir Zweifel in bezug auf den Wert unserer gewählten Ziele, obwohl wir bereits die entsprechende Richtung eingeschlagen haben. Es ist nicht schlimm, wenn wir unsere Pläne oder sogar unsere Ziele ändern, falls wir zu besserem Verständnis gelangt sind. Häufiger sind indessen Zweifel über den Wert unserer Ziele schon die Ursache voreiliger Planung. Wir sollten daher lernen, Handlungen aufgrund emotionaler Impulse zu vermeiden. Verwechsle nicht Gefühlsduselei mit Begeisterung. Werde Dir über den Wert Deiner Ziele klar, bevor Du Energie zu Ihrer Erfüllung einsetzt.

Richtlinien für die Auswahl der Ziele und Vorhaben

Wie oft hören wir die Klage: „Ich weiß einfach nicht, was ich mit meinem Leben anfangen soll." Viele Menschen wandern in zielloser Verwirrung durch den Korridor der Zeit. Ich sprach mit Menschen, die in den Augen ihrer Freunde und Kollegen sehr erfolgreich waren und die mir sagten: „Manchmal frage ich mich, ob es sich gelohnt hat? Etwas scheint noch immer zu fehlen." Oder es gibt Menschen, die eine Unterbrechung ihrer Routine-Arbeit anstreben und in einen Arbeitsbereich zu kommen versuchen, in dem Initiative und schöpferische Fähigkeiten gefordert werden, die aber nicht wissen, wo sie beginnen sollen. Es gibt auch Männer und Frauen, die ihr Leben aufgrund irgendwelcher Umstände geändert haben und die nun „nochmals beginnen" müssen, ein neues Leben aufzubauen.

Was wir tun, hängt von unseren *angeborenen Fähigkeiten ab, dem Wunsch, einen Dienst zu leisten und dem Talent, die grundlegenden schöpferischen Werkzeuge zu benützen,* die alle unsere Wagnisse zu Erfolg führen. Wenn jeder Mensch das tut, was er am besten zum Wohlergehen der Menschheit, ja des Planeten selbst beitragen kann, dann herrscht Harmonie und alle Lebewesen gedeihen.

Menschen, die brutal materialistisch sind, leben nach der Philosophie: „Diese Welt ist ein Dschungel, und nur die Stärksten können überleben." Solche Menschen denken ans Überleben unter allen Umständen, sogar auf Kosten anderer Menschen und des Planeten. Sie beuten aus, verbrauchen und zerstören, wenn es nötig ist, um ihre Ziele zu erreichen. Dieses Buch ist nicht für solche geschrieben; es sei denn, sie ändern ihren Bewußtseinszustand und ihre Motive.

Die meisten Menschen möchten das Richtige tun und wünschen tatsächlich zu dienen. *Was ist wirkliches Dienen? Wenn wir den nützlichsten Beitrag, der uns möglich ist, zum Wohlergehen der Menschheit, aller Lebewesen und der Evolution des Planeten leisten.* Wir sind nicht alle mit gleichen Fähigkeiten, Neigungen oder dem gleichen Leistungsvermögen ausgestattet. Es ist daher wichtig, daß jeder für sich herausfindet, wo er am besten tätig werden kann, und dann dort sein wahres Potential entfaltet. Wir benötigen Lehrer, Wissenschaftler, Verwaltungsbeamte, Ärzte, Schwestern, Architekten, Bauherren, Produzenten, Postzusteller, Ladeninhaber, Vertreter, Künstler, Schriftsteller. Wir benötigen Menschen, die uns zum Lachen bringen und andere, die uns nachdenklich machen, die uns helfen, daß wir über uns hinauswachsen, und die uns ab und zu gefühlsmäßig unterstützen. Wir sind alle im großen Kosmos notwendig. *In Harmonie mit dem gesamten Weltprozeß zu wirken, ist das Geheimnis persönlicher Erfüllung.*

Denke nicht nur daran, wie Du Geld verdienen, berühmt werden oder Kindheitsträume befriedigen kannst. Für geleisteten Dienst entschädigt zu werden, anerkannt zu sein oder unterbewußte Bedürfnisse zu erfüllen, ist nicht ungewöhnlich und nicht falsch. Aber diese Motive dürfen nicht die bestimmenden sein. Denke bezüglich des Dienens sowohl in Qualität als auch in Quantität.

Sei sicher, daß Du Dein eigenes Leben lebst. Tust Du das, was Du machst, weil Du es willst? Oder tust Du es, weil Du denkst, daß Du es tun mußt, oder weil Du Ideale anderer erfüllst? Einem Elternteil, Lehrer oder Freund zuliebe? Du magst den Traum eines anderen leben, aber nicht Deine eigene Bestimmung erfüllen. Vor Jahrhunderten sagte ein Weiser zu seinem Schüler: „Es ist besser, die eigene Bestimmung zu erfüllen und bei diesem Versuch zu scheitern, als die Lebensweise eines anderen zu imitieren und dabei erfolgreich zu sein." Niemand möchte wirklich als Imitation eines anderen durch das Leben gehen. Niemand, der einigermaßen intelligent ist, möchte in einem traumhaften Trancezustand leben, apathisch oder teilnahmslos. Millionen Menschen, die glauben, in einem Netz von Umständen gefangen zu sein, bleiben Effekt äußerer Umstände, leben in einem traumhaften Zustand, verharren in Mutlosigkeit und glauben an unvernünftige philosophische Lehren. Sie haben weder den Mut zu denken noch zu handeln.

Wenn Du Mut brauchst, bete, lies inspirierende und motivierende Bücher und Artikel, verkehre mit selbstsicheren Menschen, probiere Deine schöpferischen Fähigkeiten in kleinen Schritten und Vorhaben aus, um Gewandtheit zu erwerben und schließlich Vollendung zu erreichen. Sei zuversichtlich, aber nicht unvernünftig. Plane mit mutigen Vorstellungen, aber bleibe realistisch.

Wenn Du religiös oder philosophisch veranlagt bist und fühlst, daß Du an einem großen Plan mitwirkst (wenn Du Dich so fühlst, dann bist Du an Deinem richtigen Platz im kosmischen Geschehen), dann sei sicher, daß Du Deinen Teil zum Geschehen beiträgst und setze Deine Fähigkeiten voll ein. Beschuldige nicht Gott, wenn sich Deine persönlichen Pläne nicht als so richtig herausstellen, wie Du ursprünglich erhofftest. Sei mit Förderern vorsichtig, die möchten, daß Du „in eine gute Sache einsteigst", aber kein eigenes Geld zum Investieren haben. Ebenso mit geschäftlichen „Gelegenheiten", die nur ein wenig zu „unfehlbar" sind. Laß die Finger von Positionen, bei denen Du ein Produkt verkaufen sollst, das weder für die Gesundheit noch für Glück und Wohlergehen der Kunden erforderlich ist, Dir aber einen guten Profit verspricht, denn das ist kein wirkliches Dienen.

Ziele und Projekte haben nicht immer etwas mit dem Lebensstil zu tun, den wir bis jetzt gehabt haben. Du magst schon an Deinem richtigen Platz sein und lediglich zu lernen haben, wie Du ihn besser ausfüllen kannst. Wende dann die gleichen Prinzipien und Handlungsweisen an, die Du für neue Projekte anwenden würdest, um Deine gegenwärtigen Gewohnheiten zu verbessern. Und vor allem: *Lerne die Arbeit zu lieben, die Du tust.* Was immer Du tust, weil es richtig für Dich ist oder weil es Deine Pflicht oder Dein Platz im Leben ist, führe es mit voller Aufmerksamkeit aus und genieße diese Tätigkeit. Sei glücklich mit der Aufgabe, die Dir gestellt ist, das wird sicherstellen, daß Du niemals mehr in eine mentale Falle gehst, indem Du glaubst, Glück und Erfüllung irgendwann finden zu können. *Die Gegenwart* ist der einzige Augenblick, wahrnehmend und dankbar zu sein. Es ist gut, fähig zu sein, mit Erinnerungen aus der Vergangenheit zu leben und für die Zukunft zu planen. Wir müssen aber vor allem sicher sein, daß wir vollbewußt in der Gegenwart leben. Sich im gegenwärtigen Gewahrsein zu bewegen, heißt, frei von psychosomatischen Erkrankungen, Bedauern, Schuld und Bitterkeit zu sein. Es heißt, Streß und Spannungen ein Ende zu setzen. Es heißt, auotmatisch an Gewahrsein, Energie und Kreativität zu wachsen.

Eine niemals versiegende Quelle

Wir haben gesagt, daß Energie unendlich ist. Sie ist ohne Anfang und ohne Ende, sie wechselt lediglich die Form. Es gibt kein Ende für die Energie, weil sie aus reinem Bewußtsein fließt und sich fortwährend in Formen ausdrückt. Es gibt kein Ende für Ideen, weil Ideen den Lebenstrieben entsprechend durch Gedanken Form annehmen. Deshalb haben wir Zugang zu einer nie versiegenden Quelle der Versorgung. Aber diese Versorgung mit Hilfsmitteln, mit Gebrauchsgegenständen, mit Ideen und mit schöpferischem Potential *fließt aus unserem Innern in die äußere Welt. Mache also nicht den Fehler anzunehmen, daß diese Dinge außerhalb von Dir sind.* Habe niemals das Gefühl von Mangel oder Begrenzung aufgrund einer momentanen Einschränkung an Geld, Dingen oder Ideen. Du bist nie allein, nie ohne das Notwendige. Während Zeiten scheinbaren Mangels gehe tief in Dein eigenes Bewußtsein und zapfe die wahre Quelle aller Versorgung an, dann wirst Du sehen, daß der Strom sich zu manifestieren beginnt als äußere Energieform, Deinen Wünschen und gegenwärtigen Bedarfs gemäß.

Was wir suchen, sucht uns. Es ist die Natur des Lebens, sich durch eigenen Ausdruck selbst zu erfüllen. Du und ich sind zu dem Zweck geboren, Kanäle zu sein, durch die sich die Evolutionsenergie ausdrücken kann. Wenn wir lernen, uns mit der ersten Ursache in Einklang zu bringen und mit ihr zu kooperieren, werden wir mehr Erfolg erleben, als wir in den kühnsten Träumen erwartet haben. *Dasselbe Bewußtsein, das die Welt aus sich selbst erschafft, ist individualisiert durch uns, so daß die Welt durch uns umgewandelt werden kann, um die vollkommenen Ideen zu erfüllen, die von Beginn der Zeit an vorhanden sind.*

Seit die Welt erschaffen wurde, wandelt sich die Natur ständig. In unseren Schöpfungsakten schöpfen wir nicht tatsächlich etwas, d.h., wir stellen nichts Neues her. *In Übereinstimmung mit unserem kontrollierten Bewußtseinszustand gestalten wir die vorhandene Substanz.* Erfolg, wie auch immer definiert, und alle Zeichen von Gesundheit und Wohlergehen sind nicht geschöpft, sondern *enthüllt.*

Wir enthüllen Schönheit, Harmonie, Gesundheit, Wohlergehen, Größe und was immer hervorzubringen wir uns berufen fühlen, indem wir unsere Einstellung, unser Denken und unseren Bewußtseinszustand berichtigen. Im Kern jedes Problems liegt die Lösung. In der richtig gestellten Frage liegt die Antwort. Hinter jedem Anschein von Zwietracht verbirgt sich das ideale Muster von Ordnung und Harmonie, das lediglich auf unsere Anerkennung wartet.

Kannst Du „alle Dinge, die nicht (durch Sinne wahrnehmbar) sind, hervorrufen, als ob sie existieren?" Wenn ja, dann bist Du fähig, zu erkennen, was geweckt und aus dem scheinbaren Nichts auferstehen soll. Nichts Vernünftiges ist dann für Dich unmöglich, wenn Du lernst, durch Sinneswahrnehmungen hindurch zu schauen und die wahre Substanz der Situation zu erkennen. Wunder werden durch jene bewirkt, die in natürlicher, aber feinsinniger Weise die Gesetze der Natur erkennen. Was für einen Menschen möglich ist, der er wachtes Bewußtsein und erweckte Intuition besitzt, das ist unmöglich für einen Menschen, der nicht unterscheiden kann. Wirklich zu sehen, heißt wach zu sein; nicht wahrhaft zu erkennen, heißt zu schlafen sogar bei *scheinbarem* Wachsein in der Welt.

Ein Mensch schläft in bezug auf die Wahrheit dieses Lebens, wenn er durch Festhalten an traditionellen Konzepten und vermeintlicher Beschränkung gebunden und begrenzt ist. Solche Menschen sind, wie Philosophen sagen, unbewußte Träumer, die den Traum der Sterblichkeit träumen, indem sie meinen, sie seien den angeborenen Trieben und den Überzeugungen der Gattung Mensch ausgeliefert. Es gibt kein Gesetz, das uns zwingt, in Fesseln zu bleiben. Es gibt keine äußere Beeinflussung, die uns nötigt, den Sinnen verhaftet zu bleiben. Deshalb ist die bewußte und besonnene Praxis der Technik schöpferischer Imagination so sinnvoll, denn sie gibt uns Gelegenheit, uns in Gedanken, Gefühlen und endlosen Möglichkeiten aus allen Begrenzungen und Erfahrungen zu lösen. Wir empfehlen daher, besonnen zu üben, nicht in den Tag zu träumen oder entfliehen zu wollen. Die neue Lebensweise gibt uns zeitlichen Abstand von bedrückenden Umständen. Der Gestaltende wandelt das Bewußtsein, was Selbstumwandlung zur Folge hat.

Übe, mit der Einstellung einzuschlafen, daß Du Dir Deiner Traumerlebnisse bewußt werden willst. Mit der Zeit wirst Du Dir Deiner Träume bewußt werden und merken, daß Du selbst ein Teilnehmer bist, ein Beobachter oder ein Traum-„Schöpfer" mit der Fähigkeit, die Träume willentlich zu verändern. Nach dem Erwachen kannst Du die Traumerfahrung mit Deinem normalen Wachbewußtsein vergleichen und die Ähnlichkeit erkennen. Diese Methode wird von Lehrern der Bewußtseinserweiterung gelehrt, um die Erweckung aus dem Traumzustand der Sterblichkeit herbeizuführen, in dem die meisten Menschen leben.

Merke:

1. Wir sind durch unser eigenes Gemüt mit dem universalen Gemüt in Einklang.
2. Wende die Technik an, um innere Führung zu erhalten.
3. Wenn Du alles zu gewinnen und nichts zu verlieren hast, handle unverzüglich aufgrund Deines intuitiven Impulses.
4. Bleibe in Kontakt mit der inneren und der äußeren Welt.
5. Sei objektiv und prüfe Dich und Deine Motive.
6. Denke in Begriffen echten Dienens.
7. Lebe Dein eigenes Leben, nicht das eines anderen.
8. Lerne die Arbeit zu lieben, die Du tust.
9. Bleibe auf die niemals versiegende Quelle eingestimmt.
10. Lerne, voll bewußt und empfänglich zu sein.

Praktische Anwendung

1. Wenn Du Dich mit dem Buch über mehrere Tage oder Wochen beschäftigst (und falls Du Deine Lektüre unterbrochen hast), blättere zur Liste am Ende des zweiten Kapitels zurück und gehe diese erneut durch, ohne auf Deine früheren Antworten zu achten.

2. Übe Stillsitzen zur täglichen Inspiration und Führung. Viele Menschen in allen Lebenslagen finden es nützlich, täglich eine Zeit festzusetzen, um zu denken, zu planen und sich zu öffnen. Falls Du meinst, Du hättest keine Zeit für diese schöpferischen Prozesse, bedenke, wieviel Zeit Du vielleicht verschwendest durch leeres Gerede, nutzlose Tätigkeiten, Fernsehen, Lektüre zum bloßen Zeitvertreib, zu viele Stunden im Bett, zu langes Verweilen am Mittagstisch oder Mangel an Organisation. Zeit und Energie sind zwei Dinge, die wir klug nutzen sollten. Wenn Du Energie verbrauchst, um Geld zu verdienen, wie gibst Du Dein Geld aus? So wie Du Dein Geld ausgibst, gibst Du Dein Leben hin, denn wenn Du Dein Leben für Geld verbrauchst, wird Leben gebundene Energie, die Du weise anwenden solltest.

3. Versuche, Deine Tage und Wochen vorauszuplanen, lasse Dir aber genügend Raum für Veränderungen und Umwandlungen. Schreibe Dir Deine Verabredungen auf und plane Deine Zeit und Deinen Energieeinsatz. Dann wirst Du sehen, wieviel mehr Du tun kannst und wieviel mehr freie Zeit Du für andere schöpferische Tätigkeiten hast.

NOTIZEN

,,Das ist die erste Bedingung des Erfolgs, das größte Geheimnis: Konzentriere Deine Energie, Deine Gedanken und Dein Kapital ausschließlich in die Unternehmungen, in denen Du engagiert bist. Hast Du bereits in einer Richtung begonnen, beschließe, es durchzustehen, darin führend zu sein, jede Verbesserung anzunehmen, die beste Technik und das vollständigste Wissen darüber zu haben. Sei schließlich nicht ungeduldig, denn wie Emerson sagte: ,,Niemand kann Dich um den endgültigen Erfolg betrügen, außer Du selbst."

Andrew Carnegie

VII

Unbegrenzter Erfolg

Erfolgreich zu sein bedeutet, den günstigen Verlauf eines bewußt geplanten Vorhabens vorauszusehen und ein so offener Kanal zu sein, daß das Leben sich selbst durch Dich ohne jede Begrenzung erfüllen kann. Ein bewußter und bereitwilliger Teilhaber am Lebensprozeß zu sein, heißt erfolgreich sein. Erfolg ist nicht an aufgespeichertem Geld, erworbenem Prestige oder zeitweiligem Einfluß auf andere zu messen. Wir können Erfolg nicht an Symbolen und Anzeichen messen, die von zeitweiliger Natur sind.

Wir sagen nicht, daß Geld nicht nützlich sei: Geld befähigt uns, vieles auszuführen, was für uns von Wert ist. Prestige und Einfluß sind bei richtiger Handhabung durchaus nützlich. Es gibt jedoch ein festes Fundament, auf dem tatsächlicher und beständiger Erfolg ruht. Ich spreche von bewußter Übereinstimmung mit dem Lebensprozeß und von Weisheit, die aufgrund jahrelangen tiefen und sinnvollen Studiums der Prinzipien gewonnen wurde, durch die das Universum gelenkt wird.

Es ist sinnvoll, in dieser Welt seine Aufgabe erfüllen zu lernen, denn wenn wir hier nicht fungieren können, ist es unwahrscheinlich, daß wir woanders das Leben meistern werden. Wir haben eine großartige Gelegenheit vor uns, Bewußtsein zu erweitern und kooperative Mittler der Evolutionsenergie der Natur zu werden. Viele Menschen schlittern durchs Leben, lassen es an sich vorbeiziehen oder hoffen, es einigermaßen bis zum Grab durchzustehen. Was für eine düstere Einstellung und was für ein vergeudetes Leben! Wo sind die mutigen Frauen und Männer mit visionärem Sinn und Vorstellungskraft? Wo sind die Wißbegierigen, die Bereitwilligen und Fähigen? Bist Du einer von ihnen? Ich hoffe, denn wenn Du einer von ihnen bist, gehört Dir die Welt!

Doch wenn die Regeln, die Erfolg garantieren, allen bekannt sind, die sich auch nur ein wenig Zeit für Studium nehmen, warum sind dann nicht mehr Menschen bewußt und erfolgreich?

Hast Du Dich das vielleicht auch schon gefragt? Es gibt nur einen Grund für einen Menschen, der die Regeln kennt, nicht erfolgreich zu sein – er will tatsächlich gar nicht erfolgreich sein! Es kann keinen anderen Grund geben! Wenn ein Mensch tatsächlich ein Ziel erreichen will, und er wendet sich dem Ziel tatsächlich und wahrhaft zu, dann wird er Himmel und Erde in Bewegung setzen, um es zu erreichen. Nichts wird ihm im Wege stehen: Keine Tradition. Keine unzureichende Ausbildung. Kein Mangel an Freunden und Gefährten. Keine niederdrückenden gesellschaftlichen Regeln oder Vorschriften. Keine kleinliche Neigung oder Abneigung. Kein Komfort. Nichts steht dem Menschen im Wege, der aufrichtig beschlossen hat, selbst ein Erfolg zu sein!

Ich spreche nicht von Augenblickserfolgen, wenn wir auch von Anbeginn an wunderbare Fortschritte machen. Ich spreche davon, zunächst einmal „Erfolgsbewußtsein" vorauszusetzen und dann Zeit und Erfahrung den Rest zu überlassen. Denke darüber nach: Bist Du wirklich entschlossen, Deine gewählten Ziele zu erreichen? Bist Du willens, zu schuften, wenn es sein muß, zu schwitzen und Opfer zu bringen? Bist Du willens, Deine Fehler zu korrigieren und Deinen Bewußtseinszustand zu verändern? Bist du bereit, aufzuhören wie ein Verlierer zu reden und zu handeln, vielmehr zu beginnen, wie ein Sieger zu reden und zu handeln? Nur Du allein kannst antworten und entscheiden.

Meister von Zeit und Umständen

Wer Meister von Zeit und Umständen sein möchte, muß fähig sein, objektiv in Raum und Zeit zu handeln. Man kann es auch so ausdrücken, daß man fähig sein muß, sich und die Dinge entsprechend der sinnvollen Entwicklung zu handhaben. Wenn wir Dingen verhaftet sind, liegen wir in ihren Fesseln. Wenn wir von ihnen abgestoßen werden, sind wir genauso in Fesseln, weil unser Handeln dadurch eingeschränkt wird. Richtiger Gebrauch der Dinge – Geld, Maschinen, Produkten usw. – ist der Weg der Weisheit. Situationen, die sich aus unserem Schöpfungsakt ergeben, müssen sinnvoll sein und einen Zweck erfüllen, wenn sie es wert sein sollen, weiter zu existieren. Wir sollten fähig sein, Situationen, Planungen und Organisationen objektiv zu handhaben. Wir sollten fähig sein, sie zu beginnen, sie in Gang zu halten und sie zu beenden, wenn sie nicht länger sinnvoll sind. Wir sollten außerdem fähig sein, all das mit vollem Bewußtsein zu tun und ohne traumatisch-emotionale Erschütterungen. Ohne Bedauern sollten wir einer sinnlos gewordenen Situation, Planung oder Organisation erlauben, sich in die Leere aufzulösen, aus der sie kamen.

Alles kommt aus dem Raum und kehrt schließlich wieder in den Raum zurück. Albert Einstein erkannte dies und bemerkte, Raum sei aus diesem Grunde *sehr mysteriös*. Formen kommen aus formloser Substanz, und mit der Zeit wandeln sie sich in den formlosen Zustand zurück. Etwas geht nicht aus dem *Nichts* hervor. Raum ist *etwas* und formlose Energie ist *etwas*. Zweifellos bestehen gegenwärtig Formen in subtilen Zuständen, wie wir sie uns noch nicht als möglich vorstellen können. Und die möglichen Kombinationen von erfahrbaren Formen und Situationen sind beinahe unendlich.

Wir sind keine Experten auf allen angestrebten Gebieten. Manche Menschen können Projekte beginnen und sie am Laufen halten, andere können einen Arbeitsgang beginnen und unbeirrt darin fortfahren, indem sie ihm ihre ungeteilte Aufmerksamkeit widmen. Dann gibt es jene, die objektiv genug sind, ihre Situationen zu überprüfen und diese dann entweder zu verändern oder aufzulösen, um einem Bedürfnis gerecht zu werden. Wir sind nicht unsere Vorstellungsbilder. Deshalb sind wir auch nicht das durch unsere Vorstellung Geschaffene. Wir sind nicht unsere Situationen, Projekte und schöpferisch geformten Produkte. Wir sollten Meister der Ideen und Ereignisse in Zeit und Raum sein.

Indem wir die Techniken und Methoden anwenden, die in diesem Buch erklärt sind, können wir unsere Vorhaben einleiten. Dies erfordert Entschluß, Beachtung der Einzelheiten und fortwährende Anwendung schöpferischer Imagination, um das Vorhaben in Gang zu halten. Wenn sich ein Projekt lohnt, halte es aufrecht. Gib nicht auf und suche keine Entschuldigung für ein Scheitern. Wenn die Zeit Dein Interesse ändert, das Projekt sich aber noch immer lohnt, gib es

jemanden ab, der es weiterführt und dadurch weiterhin einen Dienst leistet. Wenn es aufgelöst werden sollte, tue es mit Leichtigkeit und ohne Bedauern.
Wie handhabst Du zeitweiligen Verlust? Gibst Du Dich geschlagen? Fühlst Du Dich in Deinen Gefühlen beunruhigt? Oder kannst Du die Bruchstücke sammeln und etwas Neues mit der gleichen Begeisterung wie vorher beginnen? Ein wahrhaft erfolgreicher Mensch weiß, daß alle Ereignisse und Umstände nur Schatten auf der Leinwand von Raum und Zeit sind und er fähig ist, diese Erkenntnis beizubehalten auch während begeisterter Teilnahme an dem Spiel des Lebens. Somit täuscht er sich nicht mehr selbst, sondern ist immer glücklich und strahlend lebendig.

Ausgeglichenheit, Ordnung und Harmonie

Der erfolgreiche Mensch ist ausgeglichen in jeder Hinsicht, lebt ein geordnetes Leben und befindet sich in Harmonie mit den Naturgesetzen. Manchmal lesen wir von Menschen, die innerhalb von wenigen Jahren ihr Glück gemacht haben, daß sie stark sind, bestimmend, sich anstrengen und völlig pflichtbewußt in ihrer Arbeit sind. Viele dieser Menschen sind wirklich auf die Erfolgsprinzipien eingestellt, sind ausgeglichen, in Harmonie mit den Naturgesetzen, und ihre Angelegenheiten sind geordnet. Manche stellen ihren Erfolg äußerlich zur Schau, sind aber innerlich verzweifelte Menschen, egoistisch motiviert und voller Furcht vor dem Scheitern. Eine von zwei Möglichkeiten wird schließlich eintreten: Reife wird sich entwickeln und alles wird zur richtigen Zeit geschehen, oder man stürzt vom Podest der „falschen" Errungenschaften.
Wir können den Gesetzen der Natur nicht entgegenhandeln. Unsere Welt nimmt unseren Stempel und unsere Form an, wie Emerson erklärte. Erfüllung ist für einen einseitig Eingestellten unmöglich. Zufriedenheit ist nicht im Chaos zu finden. Glück kann nicht auf Kosten der geltenden Naturgesetze von Tätigkeit, Ruhe, Ernährung und sinnvoll wechselnder Beanspruchung gewonnen werden. Wenn Ausgeglichenheit, Ordnung und Harmonie mit den Naturgesetzen

vorhanden sind, dann ist Erfolg gesichert. Wir haben dann unser Haus auf Fels gebaut, und nichts kann dagegen ankommen. Nein, gar nichts! Wie Du weißt, sind Dinge Projektionen des Bewußtseins aus unsichtbaren Bereichen. Unser „fester Fels" ist unser gefestigtes Bewußtsein. Wie sollten da *Dinge* die Oberhand gewinnen? Sie können es nicht.

Was ist wichtiger, Imagination oder schöpferisches Handeln? Imagination ist höher zu stellen, weil ohne sie kein Handeln möglich sein würde, und Handeln allein garantiert nicht den Erfolg. Es gibt Millionen hart arbeitender, armer Menschen und zeitgetriebener, unerfüllter Menschen. Es gibt Menschen, die wir fein und anständig nennen, das „Salz der Erde", die dennoch frustriert und unglücklich sind. Imagination kann ermöglichen, was Handeln allein nicht kann, aber die Kombination von beidem, Imagination und inspiriertem Handeln, ist unschlagbar.

Gute Absichten sind lobenswert, aber nicht genug. Wir mögen es gut meinen, aber nicht gut tun. Nein, gute Ideen müssen beinahe so schnell realisiert werden, wie sie ausgebrütet werden, oder doch sobald die Zeit dafür reif ist. Ich spreche nicht von Verschleppung, wenn ich richtige Zeitbestimmung empfehle, denn es gibt bestimmte Zyklen natürlicher Verhaltensweisen, auf die wir uns abstimmen können, wenn wir sie kennen. Es gibt eine Zeit zum Säen und eine Zeit zum Ernten, eine Zeit, Handlungen einzuleiten, und eine Zeit, auf den geeigneteren Moment zu warten. Wenn wir im Einklang sind und unser „mentales Radio" (Gedankenempfänger) klar ist, besitzen wir automatisch das richtige Zeitgefühl und machen in der Beurteilung der richtigen Zeit nur selten Fehler. Manchmal scheint es beinahe, als würden die Dinge auf sich selbst aufpassen.

Durchbrich die psychischen Barrieren

Was ist zu tun, wenn wir unser Bestes versuchen und scheitern? Gibt es einen Weg, den Trend zum Besseren zu verstärken? Ja, aber er kostet Nerven und Disziplin. Wir haben uns an die Leine zu neh men und zum positiven Handeln zu zwingen. *Wir müssen eine Situation schaffen, in der wir etwas zu erreichen haben.* Ich empfehle nicht, daß Du etwa die Zukunft Deiner Familie gefährdest durch ein einziges „Gewinn- oder Verlust-"Projekt. *Ich empfehle vielmehr bestimmte Ziele mit genauer Zeitbegrenzung. Ich empfehle Disziplin und den festen Willen zu gewinnen.* Beginne *heute*, das zu tun, was Du eines Tages tun willst! *Mache ein Programm für Planung, Handeln, Bewegung, Ernährung, Meditation und schöpferische Arbeit.* Nimm zum Beispiel an einem Selbstverbesserungs-Kurs teil, an den Du bereits gedacht hast. Beklage Dich nicht, daß er zuviel Geld kostet. *Wenn er den Preis wert ist, besorge das Geld und belege den Kurs. Tue etwas Positives.* Kaufe Dir einige gute inspirierende Bücher und lies sie. *Setze dann die lohnenden Ideen in die Praxis um.* Nimm mit den Menschen Kontakt auf, mit denen Du vorhattest zu sprechen. Löse Dich aus jeder Routine, in der Du vielleicht stagnierst, und zwinge Dich, etwas zu tun. *Stehe am Morgen eine Stunde früher auf und übe, meditiere und plane Deinen Tag.* Wenn nötig, nimm Dir Zeit und bete, bis Du das mentale und emotionale Gehäuse durchbrichst und *durch die neue Einstellung umgewandelt bist,* so daß Du Dich erneut dem hohen Sinn hingibst, zu dem Du auf diese Erde gerufen wurdest. *Du weißt nun, was Du tun mußt, um Erfolg zu haben. Sprich nicht darüber. Tu'es!* Wenn Du das alles tust, kannst Du unmöglich scheitern.

Wir müssen diszipliniert sein, wir brauchen genaue Kenntnis über unsere schöpferischen Wagnisse, und wir müssen bis zum günstigen Ergebnis unserer Projekte durchhalten. Wissen und diszipliniertes Handeln ist die sichere Kombination, die Erfüllung bringt. Disziplin befähigt uns, Energie zu sparen und dann klug einzusetzen. Nachlässige Denkgewohnheiten, sinnlose Handlungen und vergeudete Energie dagegen bringen Vernichtung und ein bitteres Ende.

Wir sind nicht allein

Während wir für uns und für jene planen, die uns nahestehen, sollten wir auch für die gesamte Menschheit planen. Auf diese Weise erweitern sich unsere mentalen Grenzen. Aber es gibt noch einen an deren Grund: Es ist unsere Pflicht, für das Wohl der Welt, in der wir leben, zu sorgen. Solange wir hier sind, sind wir verpflichtet, allen Menschen und Lebewesen sinnvoll zu dienen. Einige Lehrer sagen: „Je mehr Du gibst, umso mehr wirst Du erhalten." Manchmal scheint das zu stimmen, aber das ist nicht der eigentliche Grund, warum wir das Ganze im Auge behalten sollten. Es ist ganz einfach unsere Pflicht, am gesamten Lebensprozeß teilzunehmen. Ich weiß, manche werden sagen: „Ich werde meinen Anteil beitragen, sobald ich erfolgreich bin und ihn aufbringen kann." Andere werden sagen: „Ich gebe, wenn mir das zum Erfolg verhilft." Doch die Welt braucht unseren „Anteil" jetzt. Zu hoffen, als Resultat unseres Beitrages zum Leben Erfolg zu haben, ist eine eigennützige Einstellung. Warum nicht schon jetzt Reife zeigen und uneigennützig unsere Pflicht tun? Der Menschheit zu dienen, ist nicht leicht. Frage jeden, der es lehrt und versucht hat. Einfach einen Scheck auszuschreiben für einen karitativen Zweck, der gerade anliegt, das ist keine vernünftige Dienstleistung. Der Kirche Deiner Wahl ein paar Mark zu geben, ist kein sinnvoller Dienst. Denke darüber nach – wie kannst Du Deinen Mitmenschen und der Welt wahrhaft dienen? Welchen gemeinsamen Weg kannst Du im Prozeß der Weltverbesserung und Bewußtseinswandlung gehen?

Der heutige Tag, ja dieser Moment kann von höchster Wichtigkeit sein. Eine Entscheidung, die Deinen zukünftigen Weg ändert, kann jetzt getroffen werden. Es ist wahr, daß die meisten Menschen in Wirklichkeit fähiger sind, als sie wissen, und besser, als sie glauben. Was aber in bezug auf das Erfolgspotential für einen Menschen wahr ist, ist wahr für jeden von uns. Und das Schöne ist, daß wir alle zur Erfüllung bestimmt sind.

Merke:

1. Es gibt ein festes Fundament, auf dem wahrer Erfolg ruht.
2. Sei Meister von Zeit und Umständen.
3. Lerne, Unternehmungen zu beginnen, halte sie am Laufen und gehe ohne Bedauern weiter, wenn die Zeit kommt.
4. Ereignisse und Umstände sind nur Schatten auf der Leinwand von Zeit und Raum.
5. Bringe Ausgeglichenheit, Ordnung und Harmonie in Dein Leben.
6. Durchbrich mit diszipliniertem Willen die psychischen Barrieren.
7. Wir sind nicht allein in dieser Welt – reiche eine helfende Hand.

Praktische Anwendung

1. Denke gut über den Stoff in diesem Kapitel nach. Leugne nicht die Tatsache, daß Du das, was Du bist, aufgrund Deines gegenwärtigen Bewußtseins bist. Das ist der erste Schritt zur Reife und zum verantwortlichen Verhalten. Zu behaupten, daß wir Sklaven äußerer Umstände seien, heißt, Selbsterkenntnis zu vermeiden und positives Handeln zu verzögern.

2. *Vorhaben:* Leite ein kleines oder auch ein größeres Wagnis ein. Prüfe ein gegenwärtiges Projekt und rationalisiere es, um die Wirksamkeit zu verbessern. Prüfe ein gegenwärtiges Projekt, das nicht weiter sinnvoll ist, und löse es ohne viel Getue und ohne Bedauern auf.

3. *Vorhaben:* Sage einem Mitmenschen, wie sehr Du ihn schätzt und tue etwas Wohlbedachtes für ihn. Wenn erforderlich, verzeihe ihm. Oder verzeihe Dir selbst, wenn nötig. Spende einen Teil Deiner Zeit und Energie für eine sinnvolle Sache, ohne Bindung und ohne Anerkennung. Gib einen großzügigen Geldbetrag, um jemandem zu helfen oder eine sinnvolle Botschaft zu verbreiten.

NOTIZEN

NOTIZEN

„Des Generals Verlangen, die Schlacht zu gewinnen, setzt viele Überlegungen in seinem Hauptquartier voraus."

Sun Tsu (chinesischer General) 500 v. Chr.

So, wie wir durch viele einzelne Drinks ständige Trunkenbolde werden, so werden wir durch viele einzelne Taten und Arbeitsstunden Heilige in der Moral sowie Autoritäten und Experten in den praktischen und wissenschaftlichen Bereichen. Kein Jüngling sollte sich um seinen Ausbildungsabschluß sorgen, welche Prüfung er auch bestehen muß. Wenn er jeden Tag mit Vertrauen arbeitet, kann er sicher das Endergebnis sich selbst überlassen. Er kann sich mit absoluter Sicherheit auf jenen schönen Morgen verlassen, an dem er sich als einen der Fähigsten seiner Generation finden wird, welches Fach er auch immer gewählt hat.

William James

VIII

Antworten auf wichtige Fragen

Einige der am häufigsten gestellten Fragen findest Du auf den folgenden Seiten. Die meisten Fragen sind folgendem zuzuschreiben: Der Text wurde nicht sorgfältig genug studiert, nicht alle Worte und Ausdrucksweisen völlig verstanden oder unbewußter Widerstand nicht gewandelt.

Was ist, wenn ich die Technik schöpferischer Imagination anwende und die Verhältnisse sich nicht ändern?

Wenn das Ziel vernünftig und natürlich ist (das bedeutet, innerhalb Deiner Handlungsfähigkeit und im Rahmen der Naturgesetze), ist es für die Verhältnisse ebenso unmöglich, sich nicht zu verändern, wie es für irgendeine Sache unmöglich ist, zur selben Zeit zu sein und nicht zu sein. Wenn das Ziel realistisch ist, also erreichbar innerhalb der gesetzten Zeit, und wenn die Technik richtig angewendet wird, so daß Du vom *Endergebnis* her vorgehst, können die Bedingungen nicht dieselben bleiben, weil Du nicht der gleiche Mensch geblieben bist in Deiner Einstellung, in Deinem Bewußtsein und in der Art Deiner Umweltbeziehungen. Wenn alle Bedingungen richtig beachtet werden, wenn der Wandel in Einstellung und Bewußtseinszustand erfolgt ist und beibehalten wird, dann ist dies ein Prozeß, der immer positive Ergebnisse bringen wird. Immer!

Sind Alter, Geschlecht oder soziale Bedingungen Faktoren, die bei der Anwendung dieser Methoden und Prinzipien zu berücksichtigen sind?

Alle Menschen, ohne Rücksicht auf ihr Alter, träumen Träume in Manifestation. Viele Kinder tun dies intuitiv, bis sie durch „Ältere und Klügere" dahingehend begrenzt werden, „Tatsachen" zu glau ben, anstatt die Wahrheit des schöpferischen Prozesses. Wenn man andere belehrt, ist es gut, sicher zu sein, daß die schöpferischen Methoden konstruktiv angewandt werden ohne Berücksichtigung des Alters. Junge Menschen können ermutigt werden „zu erwarten", daß sie besser studieren, und sie werden es dann auch tun. Sie können aber auch ermutigt werden, das Beste von der Welt, in der sie leben, „zu erwarten", und das Beste wird auf sie zukommen. Da wir gerade von Kindern sprechen: Sorge dafür, daß die Kinder keiner „Gehirnwäsche" unterzogen werden und nicht in Gedanken und Gefühlen verkrüppeln. Lehre sie, praktisch zu sein, ohne ihnen die Fähigkeit zum Träumen auszureden. Auch das Geschlecht ist nicht ausschlaggebend hinsichtlich der Fähigkeit, Ziele zu setzen und zu erreichen. Ich wiederhole: Man muß vernünftig und in jeder Beziehung sicher sein, daß die gesetzten Ziele wirklich das sind, was man will. Karrierefrauen, berufstätige Frauen, Hausfrauen, junge Frauen, die gerade ins Leben hinaustreten – nichts begrenzt sie alle. *Die Welt ist eine Spiegelung unseres Bewußtseinszustandes.* Das ist Tatsache, ungeachtet gegenteiliger Meinungen und Theorien.

Der augenblickliche gesellschaftliche, rassische oder kulturelle Hintergrund ist keine Barriere für den Erfolg, solange Du willens bist, unpersönlich die schöpferischen Prinzipien anzuwenden. Bringe keine Entschuldigungen vor und sei zuversichtlich genug, entscheidende Schritte zu unternehmen, wenn sie erforderlich sind. Das Gesetz ist: *Die Welt ist eine Spiegelung unseres Bewußtseins.* Die Prinzipien ändern sich nie. Deshalb sind Umstände oder äußere Erscheinungen und Bedingungen nur vorübergehend. Sie müssen höherem Bewußtsein und diszipliniertem Verhalten weichen.

Was ist, wenn mein vollendetes Vorhaben nicht meinen persönlichen Erwartungen entspricht?

Wenn sich die vorgestellten Bedingungen nicht vollständig auf der Leinwand von Zeit und Raum offenbaren, bedeutet dies, daß das Ziel nicht realistisch war (d.h. unerreichbar im Rahmen der Naturgesetze oder innerhalb der gesetzten Zeitspanne). Entweder begnügst Du

Dich mit weniger als dem idealen Zustand oder die Technik wurde nicht richtig angewandt. Überdenke nochmals sorgfältig die geplanten Etappen und betrachte genau die Schritte, die Du gegangen bist. Ist Dein Ziel vernünftig und erreichbar? Bist Du willens, diszipliniert genug zu sein, Dich nicht mit weniger zu begnügen als mit Vollkommenheit? Hast Du in Einstellung und Bewußtsein den Übergang vom bloßen *Betrachten* des Ziels zum *Leben* in der vollendeten Situation in Gedanken und Bewußtsein vollzogen?

Wie können wir annehmen, daß wir da, wo wir sind, nicht zu einem bestimmten Zweck sind? Wie können wir den Unterschied zwischen unserem und dem göttlichen Willen erkennen?

Das ist eine wichtige Frage, weil viele Menschen nicht verantwortungsbewußt sind und ihrer Pflicht im Leben nicht nachkommen wollen. Wir sollten unsere Verantwortung, wenn wir sie erkennen, entsprechend unseren Fähigkeiten erfüllen. Wir befinden uns in den Lebenssituationen, die wir aufgrund unseres inneren mentalen Zustandes, früherer Wünsche und dringender Bedürfnisse akzeptiert haben oder weil wir einfach Menschen sind. Es mag sein, daß wir gerade da hingehören, wo wir uns befinden, weil wir da am besten dienen können. Wenn dem so ist, werden uns die Prinzipien des Denkens und Bewußtseins befähigen, wirkungsvoll zu dienen. Aber wir sollten ehrlich mit uns selbst sein und nach sorgfältiger Prüfung unseres inneren Zustandes sicher sein, ob wir eine eingeschränkte Situation im Leben nicht nur deswegen akzeptieren, weil es uns an Initiative fehlt, weil wir uns unwürdig fühlen oder weil wir schlicht faul sind.

Was von den Christen ‚der Wille Gottes‘ genannt wird, heißt bei den Hindus ‚Dharma‘ oder ‚der Weg der Gerechtigkeit‘ und bei den Philosophen ‚der Evolutionsplan des Lebens. Leben spielt alle Rollen in diesem Schöpfungsplan. Leben spielt sogar die Rolle der miserabelsten Person. Unser Lebensstil hängt sehr weitgehend von uns ab, nicht von äußeren Zufällen.

Wir haben das Potential in uns, die Pracht und Herrlichkeit göttlicher Prinzipien zu enthüllen, wenn wir es nur zulassen, daß sie sich entfalten. Ich betone „zulassen", weil in den meisten Menschen dieses angeborene Wesen aufgrund von Spannungen und Mangel an Selbstachtung unterdrückt ist. Wenn Du biblische Unterstützung brauchst, dann glaube die Worte Jesu: „Ich bin gekommen, daß Ihr das Leben habt und Ihr sollt es in Fülle haben." Aber wie immer Dein Lebensstil ist, wenn Du ihn akzeptierst, kannst Du glücklich sein. Sei heiter und produktiv. Beklage Dich nicht, richte nicht und werde nicht neurotisch oder krank.

Nur der mangelnde Wille, unsere Vorstellungskraft anzuwenden, hält uns in Fesseln, nicht die Umstände. Es gibt Menschen, deren Familien in Ghettos leben, in verlassenen Bergwerkstädten, in verarmten Wohngegenden, und die trotzdem nicht wegziehen wollen, weil es ihr „Zuhause" ist. Sie lassen zu, Sklaven von Umständen zu sein. Andere bleiben in Fesseln, weil sie mentale Begrenzungen akzeptiert haben, auferlegt durch die Familie oder Freunde. „Ich habe immer so gedacht", sagen sie, „und ich werde immer so denken."

Können wir durch andere Menschen beherrscht und ausgenutzt werden? Kann ich andere Menschen beeinflussen?

Alle passiven Menschen werden immer wieder unter den Einfluß jener geraten, die lebhaft Vorstellungsbilder projizieren. Wir sind durch die Umgebung beeinflußt, durch das, was wir lesen und hören, wie wir auf die durch unsere Sinne aufgenommenen Situationen reagieren und auf die verschwiegenen Absichten anderer Menschen. Die meisten Menschen leiten keine Gedanken und Handlungen ein, sie reagieren nur auf äußere Herausforderungen oder Beeinflussungen. Wenn wir wacher und objektiver werden, reagieren wir immer weniger. Stattdessen *handeln* wir vernünftig.

Wenn andere versuchen, uns zu manipulieren, indem sie Überredungskünste anwenden und uns im Denken beeinflussen, können wir uns von ihrem Bestreben durch die einfache Weigerung, ihre Absichten zu akzeptieren, befreien. Wir brauchen keinen Verteidigungs wall kritischer Gedanken oder ablehnender Gefühle zu errichten, wir haben lediglich klar im Denken und im Bewußtsein zu erkennen, daß nichts in uns ist, zu dem ihre Absichten eine Beziehung finden können.

Andere zu beeinflussen, bedeutet eine große Verantwortung. Nicht einmal die erleuchtetsten Menschen, die ich kenne, werden sich in das Leben eines anderen Menschen einmischen, es sei denn, sie werden darum gebeten. Wir müssen sorgsam vermeiden, uns in die privaten Angelegenheiten anderer Menschen einzumischen. Stelle Dir die Frage: Welches Recht habe ich, einen anderen Menschen zu beherrschen oder ihn zu überreden? Über einen anderen Menschen zum persönlichen Nutzen oder zur eigenen Befriedigung zu herrschen ist egoistisch. Wenn Du mit anderen arbeitest, bringe das Höchste und Beste, zu dem Du in diesem Augenblick fähig bist, zum Ausdruck. Wenn Du mit Kindern arbeitest, erwarte das Beste, gib Ermutigung und mentale, emotionale und geistige Unterstützung. Wenn Du mit Freunden und Mitmenschen arbeitest, erwarte das Beste und verkehre mit ihnen in reifer Weise. Wenn Du mit Kunden arbeitest, mit Patienten oder mit Menschen, denen Du dienst, diene so gut Du kannst und schaffe die idealsten Bedingungen, die Deine Verhältnisse erlauben. *Bringe das Beste hervor* und zwinge anderen nicht Deinen Willen oder begrenzte Ansichten auf. Mißbrauche niemanden zu Deinem persönlichen Vorteil oder zur persönlichen Befriedigung. Gestalte Deine Beziehungen zu gegenseitiger Freude und wechselseitigem Wert.

Wie kann ich wissen, was das Richtige und Beste für mich ist?

Wir beginnen da, wo wir stehen, wenden uns nach innen und bitten um Führung: „Warum bin ich hier? Was sind meine Talente, und wie kann ich sie am besten einsetzen? Wie kann ich am besten meinen Mitmenschen dienen?"

Wende die Technik schöpferischer Imagination an, sieh' vor Deinem geistigen Auge einen vertrauten Freund und höre ihn sagen:

„Ich bin so glücklich zu wissen, daß Du den richtigen Platz im Leben gefunden hast." Dann antworte in einem gedanklichen Gespräch und mit *Gefühl* und drücke Deine Dankbarkeit und Zufriedenheit über die erfüllte Bedingung aus. *Wenn Du Dich erfüllt fühlst, müssen die äußeren Bedingungen diese Verwirklichung widerspiegeln.* Wenn wir dieses Verfahren anwenden, stimulieren wir die innere Führung sowie die Macht der Erkenntnis und Entscheidung. Wir können nicht immer wissen, was das Beste für uns ist im gesamten Ablauf der Dinge, aber wir können immer das Beste *tun,* wozu wir von Augenblick zu Augenblick fähig sind.

Soll ich mit Freunden und Kollegen über meine Träume sprechen?

Sprich mit niemandem, außer mit jenen, die Dir bei der Verwirklichung Deiner Ziele helfen, und mit denen, die davon betroffen sind. Sprich nicht über Deine Träume zu Menschen, die keine Möglichkeit haben, Dich zu unterstützen, oder die Dich sogar veranlassen, in Verwirrung zu geraten oder Deinen Entschluß zu ändern. Laß die Dinge aus den Tiefen Deines Unterbewußtseins heraus sich entfalten. Was man sich insgeheim vorgestellt hat, wird sich frei enthüllen. Das ist wahr. Lasse Dich nicht darauf ein, in leerem Gerede Energie aufzuzehren. Spare Dein Denkvermögen und Deine geistigen Hilfsquellen und lenke beides vernünftig. Sei jederzeit diszipliniert. Wenn Dein Vertrauen schwankt, sprich entweder mit einem Freund oder lies inspirierende Schriften. Bestärke Deine Einstellung durch wiederholtes Üben der Technik oder tue irgendetwas, um Deine Hoffnungen hochzuhalten und Deine Selbstsicherheit stark und beständig werden zu lassen. *Glaube!* Bete und *glaube,* stell Dir ein Bild vor und *nimm es an!*

Ist es möglich, ungewollte und unerwünschte Zukunftsbedingungen zu schaffen?

Manche Menschen werden diese Schöpfungsmethoden nicht anwenden aus Furcht, sich durch Schöpfung ungewollter leidvoller Situationen an die Zukunft zu binden. Wenn wir objektiv und reif sind, werden wir immer bewußt den Prozeß im Auge behalten und verantwortlich für alles sein, was geschieht. Wenn das, was sich entfaltet, nicht unseren Wünschen entspricht oder es zu leben sinnlos wird, werden wir es einfach auflösen oder uns in annehmbare Umstände begeben. Wir müssen den Verstand nutzen, solange wir uns in Zeit und Raum bewegen. Erforderlich ist, den Verstand klug mit voller Kontrolle über die Vorstellungsbilder zu nutzen. Wenn wir diese Methoden anzuwenden beginnen und noch nicht wissend oder reif sind, dann werden wir Situationen schaffen, die nicht wirklich sinnvoll sind und die daher verbessert werden müssen. Das ist nicht zu vermeiden, aber wir können unsere Erfahrungen dadurch bereichern. Das Wichtigste ist, *wach und verantwortlich* zu sein.

Muß jemand ein guter Mensch sein, um Gewinn aus diesen Methoden zu erzielen?

„Gut" bedeutet Verschiedenes für verschiedene Menschen. Man sollte in jeder Beziehung *ethisch und moralisch* sein, weil das der ehrenhafteste Weg des Daseins ist. Es garantiert klaren Verstand und Bewußtsein, *weil wir das anziehen, was wir auch für andere als wahr annehmen.* Wir sollten keine negativen oder begrenzenden Gedanken und Gefühle in unserem Bewußtsein hegen. wenn wir es vermeiden können.

Wenn wir ethisch und moralisch sind in unseren Beziehungen zum Leben im allgemeinen, und wenn wir einen gesunden Verstand besitzen, sind wir ausgeglichener und glücklicher. Persönliche Gewohnheiten können in sinnvolle oder unsinnige eingestuft werden. Oder in solche, die konstruktiv oder destruktiv sind. „Gut" oder „schlecht" braucht hier gar nicht hineingezogen zu werden, lediglich was sinnvoll oder konstruktiv ist im Gegensatz zu dem, was nicht sinnvoll ist.

Was die Berichtigung betrifft: Ist es tatsächlich möglich, die Vergangenheit zu ändern?

Natürlich können wir die vergangenen Geschehnisse nicht ändern. Wir ändern aber den emotionalen Gehalt der Erinnerungsbilder, so daß sie uns nicht länger beeinflussen. Wir behalten im Gedächtnis völligen Zugang zu den Erinnerungen der vergangenen Erfahrungen, aber wir können objektiv bleiben, wenn wir sie ansehen. Deshalb verwechseln wir nicht die Gegenwart mit der Vergangenheit. *Übertragungen* sind ein Hauptproblem für viele Menschen, d.h., sie überlagern eine gegenwärtige Situation mit Meinungen und Gefühlen einer *ähnlichen vergangenen* Situation, anstatt die gegenwärtige Situation so zu handhaben, wie sie tatsächlich ist. Manchmal erscheinen gegenwärtige Situationen *genau so* wie vergangene, weil unser Bewußtsein dazu neigt, Muster zu wiederholen, es sei denn, wir ändern unseren Bewußtseinszustand. Wenn unsere Erkenntnisstufe und unser Bewußtseinszustand sich ändern und wir die Gefühle aus der Erinnerung entfernen, können wir in der Wahrnehmung und im Tun „ganz in der Gegenwart leben."

Ist es möglich, sich so sehr mit dem Schöpfungsprozeß zu beschäftigen, daß wir in der Phantasie und nicht in der Realität leben?

Natürlich sind sogar vorgestellte Zustände real, aber wer in Phantasien lebt, ist gewöhnlich ein Tagträumer oder schwebt im „Gedankenhimmel", um Konfrontationen mit der Realität dieser Welt auszuweichen. Wir haben bereits die Wichtigkeit verantwortungsbewußter Beziehungen, gedanklicher und gefühlsmäßiger Reife und des Wirkens in Harmonie mit dem Lebensprozeß betont. Wenn wir so leben, kommen wir immer mehr mit der Realität oder mit dem Leben, wie es sich wirklich entfaltet und offenbart, in Berührung. Es ist klar, daß wir nicht solche Menschen ermutigen sollten, diese Verfahren anzuwenden, die mental oder emotional unausgeglichen sind. Die einzige Ausnahme ist, daß wir ihnen zeigen, wie sie sich selbst ausgeglichen und handlungsfähig sehen können. Wir nehmen jedoch Abstand davon, sie zum „Heraustreten" zu ermutigen und sie aus der Realität dieser Welt herauszureißen.

Ist es notwendig, Opfer zu bringen, um den Erfolg zu sichern? Oder für Dinge zu zahlen, die wir wünschen?

Denken wir eher an Disziplin als an Opfer. Wir müssen natürlich verkehrte Einstellungen und Bewußtseinszustände, energievergeudende Tätigkeiten und alles andere aufgeben, was nicht zu unserem Ziel beiträgt, wenn wir möglichst rasch erfolgreich sein wollen. Das ist eine Sache von Tüchtigkeit und von geschicktem Gebrauch der Dinge, mit denen wir umzugehen haben. Lohn erhalten wir für den Dienst, den wir leisten, und dafür, daß wir alles aufgeben, was der Erfüllung im Weg steht. Die Entscheidung liegt bei uns. Was möchtest Du vom Leben? Zahle den Preis und nimm es.

Was ist, wenn Freunde und Familienangehörige meine Ideale und Prinzipien nicht verstehen und diesen nicht zustimmen?

Uns steht ein Privatleben zu. Teile Deine Träume und Deine Ideale nicht jenen mit, die sie nicht verstehen und nicht schätzen. Wir brauchen uns nicht außerhalb des Lebens zu fühlen, weil wir über Erkenntnisse der Naturgesetze verfügen, die nicht ohne weiteres von anderen verstanden werden. Übe in der Stille und stelle Deine Übungen nicht zur Schau. Lasse Dein umgewandeltes Leben sprechen. Obwohl es natürlich angenehm ist, emotionale Unterstützung seitens der Familie und der Freunde zu haben, so ist es doch nicht absolut notwendig. Du bist zu erhaben, um Dich darüber zu beklagen, daß andere Dich nicht verstehen.

Wenn Mitmenschen niederdrückend und destruktiv sind und sich nicht selbst helfen wollen, mag das ein Anlaß sein, die Beziehungen zu ihnen abzubrechen oder neue Richtlinien für die Beziehungen zu setzen, so daß Du nicht daran gehindert wirst, Deine Bestimmung zu erfüllen. Unter allen Umständen tue Dein Bestes. Niemand kann mehr von Dir erwarten.

„Von all den wunderbaren Wahrheiten über die Seele, die in diesem Zeitalter wiederbelebt und ans Licht gebracht wurden, ist keine erfreulicher oder ergebnisreicher als das göttliche Versprechen und Vertrauen, daß der Mensch Meister der Gedanken, Bildner des Charakters, Schöpfer und Gestalter von Lebensbedingungen, Umwelt und Bestimmung ist."

As a Man Thinketh
James Allen

Worterklärungen

von Dr. phil. habil. Hans Endres

Die „Babylonische Sprachverwirrung" ist kein einmaliges geschichtliches bzw. mythisches Ereignis, sondern das ständige unvermeidliche Schicksal aller sprachlichen Verständigungsversuche. Jede begriffliche Formulierung ist mißverständlich, weil Menschen zwar die gleichen Worte benützen, darunter aber etwas ganz anderes, ja oft sogar Gegensätzliches verstehen können gemäß ihrer verschiedenartigen Lebenserfahrung und Bewußtseinsentwicklung. Nur Kinder und Liebende, Meditierende und Erleuchtete können sich unmittelbar ohne Worte verstehen. Solange wir aber miteinander sprechen müssen, ist daher immer zuerst abzuklären, was wir mit den gebrauchten Ausdrücken jeweils wirklich meinen. Wenn wir gar in einem Buch lesen, also nicht einmal direkt beim Autor rückfragen können, ist eine solche Erläuterung der wichtigsten bzw. am häufigsten mißverstandenen Wörter um so notwendiger, – und das erst recht bei einer Übersetzung, die ohnehin unzulänglich bleiben muß, weil es in jeder Sprache Ausdrücke und Redewendungen gibt, die nur dieser Sprache eigentümlich sind und daher nur annähernd sinngemäß übersetzt werden können.

Die nachfolgenden Worterklärungen erheben keinerlei Anspruch auf Vollständigkeit oder Allgemeingültigkeit, sondern sollen nur nochmals verdeutlichen, welche Bedeutung der Autor den genannten Ausdrücken gibt. (Diese werden in alphabetischer Reihenfolge besprochen)

Analyse, analytisch: Die Methode, durch Aufspaltung bzw. Auflösung einer Ganzheit in immer zahlreichere und kleinere Einzelteile Aufschluß über ihre Zusammensetzung zu bekommen. Diese Methode hat sich aber schon in der modernen Naturwissenschaft als unzureichend erwiesen, denn wir wissen heute, daß es überhaupt keine „Zusammensetzung" von „Teilchen" geben kann, weil wir es in Wirklichkeit nur mit Energie und Schwingung zu tun haben. Im Bereich des Lebendigen oder gar Philosophischen ist diese Methode von vornherein unbrauchbar. (Siehe Intellekt)

Avatar: (buddhistisch „Boddisattwa", christlich „Heiland" – Heilsbringer, Erlöser) ist ein Vollendeter, in Gott Eingegangener, der sich freiwillig verkörpert, um als „Übermittler reinen Bewußtseins" den Menschen beizustehen.
Bewußtsein: Alles ist Bewußtsein, d. h. bewußtes Sein in verschiedensten Bewußtseinsgraden – vom absoluten, für uns unfaßbaren höchsten Bewußtsein und dem universellen, allumfassenden göttlichen Bewußtsein über das kosmische, astrale, planetarische und humane Menschheitsbewußtsein bis zum individuellen Persönlichkeitsbewußtsein des einzelnen Menschen und weiter zum tierischen, planzlichen und mineralischen Bewußtsein bis hinab zum molekularen und elementaren Bewußtsein (von Leibniz „Monade" genannt). Demnach ist alles, was in Erscheinung tritt, Bewußtsein in fortschreitender Offenbarung, so daß es sich bei geistiger Entwicklung eigentlich nicht um Bewußtseinserweiterung oder Bewußtseinssteigerung handelt, sondern um immer klareres Gewahrwerden der Tatsache, daß „höchstes Bewußtsein mein Wesen ist". Und je ungetrübter das gesamte Wollen, Denken, Fühlen und Wirken dieses Wesen widerspiegelt, desto vollkommener ist dessen irdische Erscheinungsform.
Disziplin: Kann verschiedene Bedeutung haben, und zwar: „Zucht, Beherrschung, Zügelung" oder „Lehrfach, Anwendungsbereich, Teilgebiet".
Ego: Das persönliche „Schein-Ich", das unser wahres Selbst verdeckt und so die Täuschung des Getrenntseins, des „Sonderscheins" (Ekkehard) verursacht.
Einweihung: Wird immer dann erfahren, wenn wir zu einem größeren Verständnis des Lebens erwachen (so sagt man ja auch im gewöhnlichen Sprachgebrauch: Man wird in eine Kunst oder in ein Geheimnis eingeweiht). Es gibt infolgedessen fortschreitende Stufen der Einweihung, bis das letzte Geheimnis offenbart wurde: „Ich bin ein individualisierter Teil Gottes – ein verkörperter Gottesfunke".
emotional: Gleichbedeutend mit affektiv oder irrational, d. h. gefühlsmäßig bzw. erlebnishaft.
Erscheinungswelt: Die konkrete Schöpfung, die materialisierte Form der Weltseele (siehe Bewußtsein, Geist, Seele, Manifestation).

Erweckung: Gleichbedeutend mit Erleuchtung oder Befreiung (weil wir aus dem bewußtseinsverdunkelnden „Lebenstraum" zum „Licht der Erkenntnis" erwacht sind und dadurch von begrenzenden Irrtümern und Bindungen befreit wurden). Ist das Ziel der menschlichen Entwicklung, gewissermaßen die „geistige Geburt", durch die die mit der körperlichen Geburt eingeleitete Menschwerdung im Bewußtsein vollendet wird.

Essenz: Wörtliche Bedeutung „das Seiende, das Wesen", also der eigentliche Gehalt und die wahre Wirklichkeit einer Substanz oder Idee.

Evolution: Wörtliche Bedeutung „Auswicklung". Der als fortschreitende Entwicklung in Erscheinung tretende Schöpfungsablauf.

Existenz: Das Bestehende, in irgendeiner Form Erscheinende und Erkennbare.

Frequenz: Die Häufigkeit, z. B. die Schwingungszahl, bzw. der rhythmische Ablauf irgendeiner Schwingung.

Frustration, frustriert: Gemüts-Verkümmerung aufgrund von Enttäuschung und Zurücksetzung, Freudlosigkeit und Unbefriedigtheit, Einengung und fehlender Entfaltungsmöglichkeit, also insgesamt durch eine menschenunwürdige Existenz. Eine solche kann gerade auch ein Leben in äußerem Luxus und Überfluß ohne inneren Sinn bedeuten, so daß heute mehr denn je das Paulus-Wort gilt: „Was nützete es dem Menschen, wenn er die ganze Welt gewänne und doch Schaden nähme an seiner Seele."

Geist, geistig: Ist keinesfalls in dem bei uns üblichen Sinn von intellektuell, verstandesmäßig, gedanklich (Geisteswissenschaften, geistige Anstrengung, usw.) zu verstehen, sondern bedeutet „Die eine Gegenwart, eine Macht und eine Substanz in diesem und als dieses manifestierte Universum" ebenso wie das wahre Selbst, denn „Ich bin ein Leben schenkender Geist".

Gemüt: (Englisch „mind" – also nicht mit „Geist" zu übersetzen) ist im Seelen-Organismus jener zentrale Zwischenbereich zwischen dem Überbewußten und dem Unbewußten, in dem sich die gesamte mental-emotionale Bewußtseinstätigkeit abspielt, d. h. sowohl die bewußten Gedankenformen als auch die unterbewußten Vorstellungsbilder entstehen. Zwar muß man Denken und Fühlen theoretisch unter scheiden, doch vollzieht sich im praktischen Leben bzw. Erleben beides immer gleichzeitig, so daß es sich eigentlich um „Denkendes Fühlen" oder „Fühlendes Denken" mit jeweils verlagertem Schwerpunkt handelt. Das menschliche Gemüt ist ein Teil des kosmischen Gemüts (siehe Seele). Es verhält sich zum kosmischen oder göttlichen Gemüt wie eine Welle zum Ozean.

Gewahrsein: (Englisch „awareness") ist der durch die Erweckung erlangte Dauerzustand eines Menschen, für den die geistige Wirklichkeit nicht mehr nur einen durch andere vermittelten theoretischen Glaubensinhalt bedeutet, sondern zur eigenen praktischen Erfahrung und selbsterlebten Gewißheit geworden ist.

Imagination, imaginativ: Die bildhafte Vorstellung, durch die Gedachtes erst mit seelischer Energie erfüllt und so in allen Bewußtseinsbereichen wirksam werden kann (das „innere Bild").

Individuum, individuell: Wörtliche Bedeutung „das Unteilbare", d. h. die einmalige und einzigartige, unwiederholbare Eigenart in jeder einzelnen Erscheinungsform der göttlichen Substanz.

Initiative: Innerer Beweggrund oder auslösende Kraft, die sofortiges Handeln bewirkt („Willens-Zündung").

Inkarnation: Verkörperung (Reinkarnation = Wiederverkörperung) der Seele in einem lebendigen Organismus.

Inspiration, inspirierend: Einer geistigen Offenbarung entspringende und das Denken mit höherem Bewußtsein erfüllende Eingebung (das „innere Wort").

Intellekt, intellektuell: Das sehr begrenzte begriffliche Denkvermögen, das wie ein Computer nur Eingegebenes zu verarbeiten vermag. Der Intellekt kann also Kenntnisse sammeln, nicht aber wesenhafte Erkenntnis gewinnen. Er kann Einzelheiten zusammentragen und ordnen (siehe Analyse), nicht aber zu übergeordneter Gesamtschau und wesentlicher Einsicht führen (siehe Synthese). „Hast Du die Teile in der Hand, fehlt leider nur das geistige Band" (Goethe).

Intelligenz: Die Gesamtleistung des menschlichen Denkvermögens, in dem unterbewußte, bewußte und überbewußte Komponenten enthalten sind, so daß sich Intelligenz von der einfachsten tierischen Instinktverwertung bis zur höchsten menschlichen Fähigkeit intuitiver Kreativität erstreckt.

Intuition, intuitiv: Höchste Erkenntnis durch „liebende Vereinigung" von Erkennendem und Erkanntem, unmittelbare Erfahrung der Wahrheit (die „innere Führung").
Involution: Wörtliche Bedeutung „Einwicklung". Der ursächliche Schöpfungsimpuls, aus dem die ganze Evolution hervorgeht.
Karma: Gleichbedeutend mit Schicksal im Sinne der Gesetzmäßigkeit von Ursache und Wirkung, Saat und Ernte. Der zwingende Ablauf von Kausalreihen in der Naturgesetzlichkeit hat sich jedoch im menschlichen Bewußtsein in das geistige Gesetz der Wechselwirkung von Notwendigkeit und Freiheit gewandelt: So wie wir die Notwendigkeit vergangenen Karmas erkennen und erfüllen, gewinnen wir dadurch zugleich die Freiheit zum Schaffen künftigen Karmas. Vom Karma selbst können wir befreit werden, wenn unser Eigenwille aufgeht in Gottes Willen, weil wir auf dem Wege des Gehorsams („Nicht mein, sondern Dein Wille geschehe") zur erlösenden Erkenntnis gelangt sind: „Der eine Wille geschieht in allem".
Kontemplation: Wörtliche Bedeutung „innige Betrachtung". Sich immer intensiver mit etwas verbinden, sich immer tiefer hineinversenken und schließlich ganz darin aufgehen („Identifikation").
Konzentration: Wörtliche Bedeutung „auf einen Punkt gerichtetes Bewußtsein". Die Kraft der gesammelten Aufmerksamkeit wirkt psychisch ebenso stark wie physikalisch die Kraft der in einem Brennpunkt gebündelten Lichtstrahlen.
Kreativität: Gleichbedeutend mit Phantasie oder schöpferischem Vermögen, der höchsten menschlichen Intelligenzleistung, die nur im Überbewußten möglich ist und dem Menschen praktisch unbegrenzten Anteil am göttlichen Bewußtsein verleiht (siehe Bewußtsein).
Manifestation: Wörtliche Bedeutung „faßbare Offenbarung, endgültige Festlegung". Die Welt als greifbarer und sichtbarer Ausdruck des schöpferischen Bewußtseins.
materiell: Gleichbedeutend mit mechanisch oder anorganisch, d. h. körperlich bzw. stofflich.
Meditation: Wörtliche Bedeutung „von der Wesens-Mitte aus den Umkreis (des Bewußtseins) ermessen". Das gezielte Lenken unserer Aufmerksamkeit auf den reinen Aspekt (Spiegelung) unseres Seins („Grals-Schale").

mental: Gleichbedeutend mit intellektuell oder rational, d. h. gedanklich bzw. begrifflich.
Metaphysik, metaphysisch: Wörtliche Bedeutung „hinter bzw. über dem Körperlichen", also die Lehre von den wirklichen Ursachen und bewirkenden Energien in allen materiellen Vorgängen und Erscheinungen.
Modelle: Prägende Prinzipien oder Vorbilder, die den Ablauf von Geschehnissen oder Entwicklungen bestimmen.
Es gibt Denkmodelle, auch „Ideen" genannt, die Grundlage aller bewußten Denkprozesse sind, und Erfahrungsmodelle, auch „Engramme" genannt, die sich als alle unterbewußten Reaktionen auswirken.
okkult: Wörtliche Bedeutung „verborgen, geheim", so daß also auch Atomphysik oder Medizin aber ebenso technische oder handwerkliche Praktiken für jeden Nicht-Fachmann „okkult" sind. Die übliche eingeengte Wortbedeutung in bezug auf unerklärliche Vorgänge und ungewöhnliches Verhalten resultiert daher nur aus einem einseitig materialistisch eingestellten Bildungssystem, weshalb dem solchermaßen eingeengten Bewußtsein vieles als „okkult" erscheint, was z. B. für einen Ostasiaten völlig klar und selbstverständlich ist.
Psyche, psychisch: Wörtliche Bedeutung: „Seele", wobei die Griechen diesen Begriff durchaus in dem hier erläuterten Sinne gebrauchten, während heute sowohl im allgemeinen als auch im wissenschaftlichen Sprachgebrauch nicht mehr zwischen Seele und Gemüt unterschieden wird. Der Ausdruck: „Psychosomatische Erkrankung" bedeutet infolgedessen sinngemäß: „Gemütsstörung, die sich auf den körperlichen Organismus auswirkt", (denn die Seele kann ja nicht erkranken).
psycho-somatisch: Hauptsächlich im medizinischen und psychologischen Bereich gebrauchter Ausdruck für die körperlichen Erscheinungsformen gemütsbedingter Vorgänge.
Ratio, rational: siehe Intellekt und mental.
Realität: Wörtliche Bedeutung: „Wirklichkeit", wobei es eigentlich nur eine wahre Wirklichkeit (siehe Substanz) gibt, so daß alle anderen „Realitäten", insbesondere die materielle gegenständliche Welt, nur Erscheinungsformen der einen geistigen Wirklichkeit sind.

Relativität, relativ: Wörtliche Bedeutung „abhängig, in Beziehung zu etwas stehend". Da es nur eine wahre Wirklichkeit oder Substanz gibt, ist also alles, was das begrenzte menschliche Bewußtsein und Gemüt davon zu erfassen vermag, eben nur relativ.

Religion: Wörtliche Bedeutung „Rückbeziehung, Wiederverbindung", also das jedem Menschen wesenhaft eingeborene Bestreben der Rückkehr in den göttlichen Urgrund und der vollkommenen Wiederverbindung mit dem Seelenwesen (siehe Bewußtsein, Gewahrsein). Nicht zu verwechseln mit *Konfession* (wörtliche Bedeutung „Bekenntnis"), also mit den verschiedenartigsten Religionsformen, in denen die überzeitliche und allgemeinmenschliche Religion zu räumlich und zeitlich bedingten individuellen Ausprägungen gelangt. Es gibt infolgedessen nur eine Religion und so viele individuelle Konfessionen, wie es Menschen gibt.

Samadhi: (Im Zen „Satori", im Christlichen „Glückseligkeit") ist die höchstmögliche Steigerung des menschlichen Bewußtseins zum reinen Gott-Bewußtsein, indem ich erkenne, daß „Gott durch mich und als ich wirkt", und diese Erkenntnis mein ganzes Wesen restlos erfüllt.

Seele, seelisch: Die Schöpfungs-Ideen des „väterlichen" Geistes werden von der „mütterlichen" Weltseele empfangen und als konkrete Schöpfung „geboren" (in der göttlichen Gesamtschöpfung ebenso wie in jedem menschlichen Schöpfungsprozeß). Alles in Erscheinung Tretende existiert also zuerst als Seele bzw. ist ein Teil der Weltseele in verschiedenartigsten Formen der Verkörperung. Ein lebender Mensch *hat* demnach nicht eine Seele, sondern er *ist* eine verkörperte Seele, die beim „Sterben" ihre körperliche Hülle wieder ablegt. Und wie ein körperlicher Organismus aus den verschiedensten Organen besteht, so besteht auch der seelische Organismus aus den verschiedensten unterbewußten, oberbewußten und überbewußten Bereichen.

spirituell: Gleichbedeutend mit geistig (hat also nichts mit „Spiritismus" zu tun, der sich mit „Geistern" und nicht mit „Geist" befaßt). „Spirituelle Vollkommenheit" bedeutet demnach die vollkommene Ausprägung und Auswirkung des geistig-göttlichen Wesens.

Sterblichkeit: Aus esoterischer Sicht ist dieses ganze der Sterblichkeit unterworfene Leben nur ein Traum, aus dem man eben durch die Erweckung oder Erleuchtung zum Bewußtsein des ewigen Lebens erwacht.
Substanz: Das eigentliche Wesen, der beständige Urgrund, das in allem Wandel der Erscheinungsformen stets sich selbst gleich Bleibende.
Synthese, synthetisch: Die Methode, durch Zusammenfassung oder Verschmelzung von Einzelteilen oder Teilbereichen zu immer größeren und umfassenderen Einheiten zu gelangen. Nur dadurch ist wirkliche Erkenntnis, immer tiefere Ein-Sicht und immer weitere Über-Schau überhaupt möglich. Die höheren Bewußtseinsbereiche der Imagination, Inspiration und Intuition sind daher Auswirkungen bzw. Anwendungen dieser wohl wichtigsten menschlichen Fähigkeit.
Visualisierung, visualisieren: Wörtliche Bedeutung „sichtbar machen", ist das Vermögen, reine Gedankenformen in möglichst plastische Vorstellungsbilder zu übertragen, also innerlich zu schauen (Goethe nannte dies „Anschauung"). Je besser dies gelingt, desto wirksamer ist die Praxis schöpferischer Imagination.
vital: Gleichbedeutend mit reaktiv oder organisch, d. h. leiblich bzw. triebhaft.
Wahrheit: Das höchste Bewußtsein, das in seiner Absolutheit dem begrenzten Denkvermögen unfaßbar bleibt, wohl aber für die unbegrenzte Seele unmittelbar erfahrbar ist (Samadhi).
Wahrheitslehre(r): Erhebt, richtig verstanden, nicht den Anspruch, die absolute Wahrheit lehren zu können, sondern zeigt jedem Menschen die Mittel und Wege, wie er zu seinem ureigensten „Gewahrsein" der Wahrheit gelangen kann (siehe Erweckung oder Erleuchtung).

„Es gibt eine Kraft, die dieses Universum lenkt, und wir können lernen, mit ihr zu kooperieren." Roy Eugene Davis

Wer ist Roy Eugene Davis

Der Autor dieses Buches „So kannst Du Deine Träume verwirklichen, Die Technik der Schöpferischen Imagination" begann 1949 seine spirituelle Schulung unter Paramahansa Yogananda und wurde von ihm 1950 eingeweiht. Roy Eugene Davis lehrt seit 30 Jahren höhere Meditationsmethoden und hält Vorträge über geistige und körperliche Gesundheit an Universitäten, in Kirchen, geistigen Zentren (wie z.b. Unity, Science of Mind und Religious Science), bei Yoga-Konferenzen und Kongressen der Internationalen-Neugeist-Bewegung (INTA). Er ist Autor vieler Bücher, die auf die Fragen der Zeit inspirierende Antworten geben und die international verbreitet sind. Außerdem leitet Davis das „Center for Spiritual Awareness – CSA – " in Lakemont/Georgia USA. Er gibt ein Magazin heraus (TRUTH-Journal), das seit Oktober 77 auch in deutsch erscheint.

Davis lebt was er lehrt. Jeder, der mit ihm in Kontakt kommt, macht die Erfahrung, daß er niemanden beeinflußt oder persönlich an sich bindet. Sein ganzes Bemühen dient der Entfaltung seiner Schüler und aller Suchenden, die an seinen Seminaren teilnehmen oder seine Bücher lesen. Er regt nur an und greift nicht in ihr Leben ein. Seine einzige Absicht und die von CSA ist, jeden Suchenden zu motivieren, als frei Lebender in einem offenen Universum seine persönliche Bestimmung zu erfüllen und an seinem richtigen Platz in diesem Leben sich voll den Aufgaben zu stellen.

Davis läßt die Menschen, die mit ihm zusammenarbeiten möchten, von selbst auf den Plan kommen und manipuliert sie nicht. Er führt jeden Suchenden zur inneren Einsicht „wer er ist, woher er kommt und wohin er geht."

Was sind die Ziele von CSA-Europa, Centrum für Selbst-Aktivierung e.V.?

Unter der geistigen Leitung von Rosemarie Schneider haben es sich die CSA-Centren in Europa zur Aufgabe gemacht, zweckmäßige Information für ein natürliches und gesundes Leben anzubieten und damit den Menschen zu dienen.

Zweck des gemeinnützigen Vereins ist die Verbesserung geistiger und körperlicher Volksgesundheit. Das wird insbesondere durch Aufklärungsaktionen, Vorträge, Informationsveranstaltungen und Schriften verwirklicht. Ebenso dadurch, daß der Verein sich bemüht, wissenschaftliche Forschungsergebnisse über die Ursachen ernährungsbedingter Zivilisationskrankheiten und lebensbedingter Krankheiten allgemeinverständlich und jedermann zugänglich zu machen.

Auf Anfrage erhalten Sie gerne kostenlos:

- Das *CSA Magazin* für ein gesundes und erfülltes Leben mit hilfreichen Anleitungen und Ermutigungen, Mitteilungen über Vorträge, Seminare und CSA-Freundeskreise sowie Buchbesprechungen und -empfehlungen.
- Die Fibel „31 schöpferische Gedanken und Themen zur täglichen Kontemplation"
- Die Fibel „Unsere erwachende Welt"

Bei Bestellungen mehrerer Fibeln, bitten wir einen Unkostenbeitrag in Höhe von DM 2,– pro Fibel zuzüglich Porto der Bestellung beizufügen.

CSA Europa
Centrum für Selbst-Aktivierung e.V.
Rhönstraße 3, D-6382 Friedrichsdorf 3

Weitere Bücher des Autors in deutscher Ausgabe:

Die Macht der Seele, erlebte Wirklichkeit	ISBN 3-922 779-03-4
Einfache Einführung in die Meditation	ISBN 3-922 779-04-2
Wahrheitsstudien	ISBN 3-922 779-05-0
Gesundheit, Heilung und erfülltes Leben	ISBN 3-922 779-00-X
Enthüllungen verborgener Lehren Jesu	ISBN 3-922 779-01-8
Bhagavad-Gita, Eine göttliche Offenbarung Einführung und Kommentar	ISBN 3-922 779-06-9

Buchbesprechungen ab Seite 123
Alle Bücher sind durch den Buchhandel erhältlich oder direkt den von CSA - Bücherstuben:

CSA – Bücherstube
Rhönstraße 3, D-6382 Friedrichsdorf 3

in Österreich von:
CSA-Bücherstube
Waaggasse 8/10, A-1040 Wien

in der Schweiz:
CSA-Bücherstube
Mühlehof, CH-6038 Gisikon

Bücher des Autors in englischer Ausgabe:

An Easy Guide to Meditation)
Creative Imagination)
Studies in Truth)
This is Reality)
Hidden Teachings of Jesus Revealed)
Health, Healing and Total Living)
Bhagavad-Gita)
Time, Space and Circumstance
Darshan
Yoga Darsana
Path of Soul Liberation
Way of the Initiate
Miracle Man of Japan (Dr. Taniguchi)
With God we can
Conscious Immortality
The Teachings of the Masters of Perfection
Freedom is now

¹) bereits in deutsch erhältlich

Wahrheitsstudien

ist eine wertvolle Anleitung, die metaphysischen Prinzipien im täglichen Leben mit Erfolg anzuwenden. Dieses Buch ist für den Wahrheitssuchenden genauso verständlich und hilfreich wie für den Fortgeschrittenen, der von nun an im Meisterbewußtsein leben möchte.

Die hier beschriebenen Methoden sind bereits tausendfach erprobt, und die dargelegte Philosophie bildet die Grundlage aller Lebenslehren.

In diesem Buch beschreibt Davis den geistigen Pfad vom Beginn des Suchens bis ins Meisterbewußtsein.

144 Seiten, Paperback   ISBN 3-922 779-05-0

Einfache Einführung in die Meditation

Mit diesem Buch erlernst Du eine einfache Methode, die Dir hilft, Dich von Spannung und Streß zu befreien, Bewußtsein zu entfalten und Dich besser zu konzentrieren. Du findest Methoden, Techniken und praktische Anleitungen, die Dich ermutigen, der Mensch zu sein, zu dem Du bestimmt bist.

Wer noch nie meditiert hat, wird nach dem Lesen des ersten Kapitels dazu fähig sein. Für bereits in der Meditation erfahrene Leser wird dieser Leitfaden jedes noch vorhandene Mißverständnis klären, jede noch offene Frage beantworten und eigene Erfahrungen vertiefen.

Über den durch die Meditation erzielten Gewinn wurde bereits vielfach berichtet. Die Methode wird seit Jahrhunderten gelehrt. In den letzten Jahren allerdings ist das Interesse einer breiten Öffentlichkeit gewachsen. Dieses Buch wurde von einem Experten geschrieben und ist kein Versuch des Autors, den Leser von dem Wert der Meditation zu überzeugen. Stattdessen zeigt er jedem Menschen, der ernsthaft meditieren möchte, wie er richtig und wirksam meditieren kann.

88 Seiten, Paperback   ISBN 3-922 779-04-2

Die Macht der Seele, erlebte Wirklichkeit

In diesem Buch finden wir Erklärungen zu der Natur des Bewußtseins. Wir begreifen den Weltzusammenhang zu verstehen und die Dinge zu sehen, wie sie wirklich sind. Dieses Buch ist von größter Wichtigkeit für jeden Wahrheitssuchenden. Die Menschheit hat einen Punkt größerer Bewußtseinsentfaltung erreicht und die feineren Wahrheiten können heute leichter begriffen werden. Manche mögen über die Freimütigkeit erstaunt sein, mit der Davis in diesem Buch Dinge offen ausspricht, die bisher geheim gehalten wurden. Er hält jedoch die Zeit für gekommen, dieses Wissen einem größeren Kreis zugänglich zu machen. Wir leben in einem aufsteigenden Zyklus, und so ist es an der Zeit, Unwissenheit und Aberglauben zu überwinden.

Davis gibt in diesem Buch höchst direkte und genau formulierte Anleitungen zur Erlangung von Bewußtseins-Erleuchtung. Alles ist so angeordnet, daß der Übende den Ausführungen zu folgen vermag und versteht, was sich Schritt für Schritt ergibt. Wir beginnen damit zu lernen, was Konzentration ist und wie sie ausgeübt werden kann. Von da gehen wir weiter zur Befreiung des Bewußtseins und zur Erkenntnis des Wesens der Seele. Auf diesem Wege wird unsere innere Kraft geweckt, und was wir Persönlichkeit nennen, erfährt in Anpassung an den höheren Sinn des Lebens eine Umformung und Wandlung. Tatsächlich handelt es sich bei unserem ganzen Bemühen um eine Arbeit von *innen nach außen*. Der Erfolg dieser Arbeit ist die grundlegende Voraussetzung dafür, daß die innere Macht erwacht und ungehindert ihren Weg nehmen kann. Dadurch wachsen wir von selbst über alle Schwierigkeiten hinaus, und unser Tun wird sich immer zum Besten aller auswirken. Unser Ego (Gefühl des Getrenntseins) nimmt ab und unser wahres Wesen tritt auf den Plan.

200 Seiten, Paperback   ISBN 3-922 779-03-4

Gesundheit, Heilung und erfülltes Leben

Zur Natur des Menschen gehört die innere Kraft, sich zu entwikkeln und Gesundheit, Wohlergehen und schöpferische Fähigkeiten vollen Ausdruck zu geben. Das Buch enthält nützliche und oft einzigartige Anleitungen, diese Ziele zu erreichen.

Im Vorwort zu diesem Buch schreibt Dr. med. Adolf Dippel: „Das von Davis übermittelte Wissen gründet sich auf Beobachtung, auf Erfahrung wie auf alte Tradition und bewahrt dabei doch unverminderte Aktualität. Es betont die Bedeutung der zentrierten Ruhe, die Ausgeglichenheit zwischem dem Körperlichen und den damit verwobenen Sphären der Empfindungen und Gedanken. Solches Gleichgewicht ermöglicht Stille und innere Ordnung. Es schafft die Grundlage für ein heiteres, harmonisches Leben. Dann kann aus Gleichgültigkeit oder Hast der Gleichmut und aus dem Ernst das Lächeln wachsen, ein Lächeln, das nur in einer bewußten und unbefangenen Art, die Gegenwart zu genießen, gedeihen kann.

Wer dieses Buch nicht nur aufmerksam liest, sondern das ihm Gemäße auch praktiziert, braucht nicht um Glück zu ringen, nicht zu hoffen. Es kommt leise und von allein."

144 Seiten, Paperbach   ISBN 3-922 779-00-X